I0453680

CONTENTS

LA ÚLTIMA ILUSIÓN

LA ÚLTIMA ILUSIÓN

Izek Aliev

ARPress

Derechos de autor © 2023 por Izek Aliev

Todos los derechos reservados. Ninguna parte de esta publicación puede ser reproducida, distribuida o transmitida de ninguna forma o por ningún medio, incluyendo fotocopia, grabación u otros métodos electrónicos o mecánicos, sin el permiso previo por escrito del propietario de los derechos de autor y el editor, excepto en el caso de citas breves incorporadas en revisiones críticas y ciertos otros usos no comerciales permitidos por la ley de derechos de autor. Para solicitar permiso, escriba al editor, dirigido a "Atención: Coordinador de Permisos", en la dirección que se indica a continuación.

ARPress
45 Dan Road Suite 5
Canton MA 02021

Línea directa: 1(888) 821-0229
Fax: 1(508) 545-7580

Información de pedidos:

Ventas en cantidad. Se ofrecen descuentos especiales en compras al por mayor por parte de corporaciones, asociaciones y otros. Para obtener detalles, comuníquese con el editor en la dirección indicada anteriormente.

Impreso en los Estados Unidos de América.

| ISBN-13: | Tapa blanda | 979-8-89330-914-0 |
| | eBook | 979-8-89330-913-3 |

Número de control de la Biblioteca del Congreso: 2024902694

En el principio existía la Palabra
y la Palabra estaba con Dios,
y la Palabra era Dios.

Prólogo

El segundo milenio llegaba a su fin. La mayoría de la gente sentía emoción y expectativa por algo nuevo. Después de todo, el cambio del milenio era un evento serio, incluso para los ateos más fervientes. En vísperas del milenio, algunas personas tenían miedo de los desastres creados por el hombre, otros de los cataclismos naturales, y algunos anhelaban algún tipo de milagro, incluso en forma del fin del mundo. Sin embargo, todas estas personas estaban unidas por el sentimiento de su propia elección, la conciencia de que eran ellos quienes estaban destinados a abrir una página del tercer milenio desde el nacimiento de Cristo.

Capítulo 1

El 22 de septiembre de 1999, el clima en la ciudad de Nueva York era perfectamente veraniego. Era bastante cálido en el primer día del otoño (1). Todo el mundo llevaba pantalones cortos y camisetas.

Durante varios años, el clima ha sido otoñal en esta ciudad hasta casi mediados de enero. Las estaciones se han desplazado en el tiempo. El final del invierno llegaba alrededor de febrero y el aire frío no se retiraba casi hasta abril. La nieve caía y se acumulaba solo por unos días, pero inevitablemente paralizaba toda la metrópolis. Los programas de noticias estaban llenos de pánico, que se transmitía de inmediato a los ciudadanos. Las escuelas estaban cerradas, el transporte era irregular y apenas funcional. Enormes quitanieves limpiaban intensivamente las calles, pero, curiosamente, se lograba el efecto contrario: la suciedad solo se esparcía por el asfalto y se extendía por todo el vecindario. Jóvenes con palas corrían por allí con la esperanza de ganar dinero, ayudando a los dueños de autos a desenterrar sus vehículos de la acumulación de nieve de dos días.

Este caos duró no más de tres días y luego el sol apareció detrás de las nubes y las calles se limpiaron naturalmente. En ese momento, parecía a la gente que los tres días de pesadilla nunca habían sucedido.

El Bentley plateado iba a gran velocidad por la Autopista Belt en dirección al principal aeropuerto del país, JFK, como los estadounidenses lo llaman en honor a uno de sus presidentes más queridos, John Fitzgerald Kennedy.

La autopista serpentea a lo largo de la costa de una gran bahía, delimitando el colosal macizo de la ciudad de Nueva York hacia el sureste, que muchos residentes del mundo consideran acertadamente la capital del mundo. La ciudad se extiende en un estrecho corredor a lo largo de la desembocadura del río Hudson, que se convierte en un puerto natural protegido formado por un amplio canal y muchas islas, siendo las más grandes Manhattan, Staten Island y Long Island. A ambos lados de la carretera de alta velocidad se extienden franjas verdes de bosque denso plantado por el hombre.

(1 El día del equinoccio de otoño, considerado el límite astronómico entre el verano y el otoño).

Mientras el lujoso coche cortaba majestuosamente el aire, parecía dejar atrás a los coches más simples que se avergonzaban y le cedían el paso. Un joven de cabello castaño claro, suave y rizado estaba al volante. Su alta frente, mejillas hundidas, nariz alargada y ligeramente aguileña, y labios delgados le daban un aspecto noble. Podría haber parecido Jesucristo mismo si hubiera añadido un bigote, una barba y cabello largo a su retrato. Por supuesto, esto no era típico de un hombre de ascendencia judía. Aunque lo mismo podría decirse del Hijo de Dios.

Joseph (ese era el nombre del hombre) estaba visiblemente nervioso y miraba de vez en cuando el reloj empotrado en el panel de caoba. Para estar seguro, lo comparaba con el Rolex de su mano izquierda, cuyo dial estaba incrustado con pequeños diamantes que brillaban deslumbrantemente bajo la luz del sol. Ambos marcaban la misma hora: las 3:28 PM. Faltaban treinta y dos minutos para que se cerrara la inscripción y el joven presionaba con más fuerza el pedal del acelerador.

A Joseph le encantaba su Rolex. Era un regalo de la empresa por su trigésimo cumpleaños. Ese día se convirtió en el gerente más joven de la empresa, donde había comenzado a trabajar justo después de graduarse de la Escuela de Negocios de la Universidad de Columbia. En un tiempo bastante corto, había hecho una carrera vertiginosa. El hijo de inmigrantes que llegaron a Estados Unidos a la edad de catorce años, Joseph estaba entre los gerentes de élite de los Estados Unidos. Y eso era muy impresionante, sin duda.

Finalmente, apareció un letrero adelante informándole que el aeropuerto estaba a solo unas millas de distancia. A lo lejos, podía ver enormes aviones aterrizando y despegando en intervalos cortos. Joseph suspiró aliviado.

El teléfono sonó. Disminuyendo un poco la velocidad, el hombre presionó el botón de respuesta.

-Hola, mamá, te escucho.

-Joseph, querido, ¿lograste llegar a tiempo? Estoy muy preocupada.

-No te preocupes, mamá, lo estoy intentando. Te llamaré más tarde.

-Cuídate, querido.

A los treinta y tres años, Joseph todavía estaba soltero. Los padres estaban preocupados porque, en una familia judía normal, los hijos debían casarse a tiempo, es decir, a la edad de veintidós o veintitrés años. Joseph tenía una novia, pero no había indicios de una relación seria.

Faltaban quince minutos para el final del registro y tenía que estacionar su auto a tiempo.

Diez minutos después, Joseph se apresuraba por el hall de registro con su bolsa deportiva al hombro, seguido por un portero que empujaba un cochecito con una maleta grande, apenas capaz de seguirle el ritmo. El mostrador de registro estaba vacío y los empleados miraban cansados el reloj para cerrar el registro y marcharse. El portero se acercó rápidamente, dejó la maleta en la balanza y Joseph puso su pasaporte y billete delante de la aburrida recepcionista.

- Llegas tarde, señor, dijo con una sonrisa amable.

- Oh, lo siento, el tráfico fue terrible, respondió Joseph en tono de disculpa.

- ¡Que tenga un buen vuelo!

- Muchas gracias. ¡Y que tenga un buen día! - El hombre apenas podía respirar después de la loca carrera. Siempre ocupado, había calculado mal su tiempo y salido de casa demasiado tarde.

En ese momento, Joseph pensó en sus padres y los llamó de vuelta. Ya estaban prejubilados, y él les había comprado una pequeña casa en Florida, donde habían pasado casi tres temporadas, mudándose a su apartamento en Nueva York en verano. A pesar de su tremenda ocupación, Joseph intentaba mantener a sus padres cerca en todo momento.

Cuarenta minutos después, abordó el Boeing, donde fue recibido por una atractiva azafata. Entró en la cabina de primera clase, se sentó en una cómoda silla y estiró las piernas.

Tan pronto como el avión despegó, las azafatas se movieron alrededor de los pasajeros, ofreciéndoles bebidas suaves y fuertes. Joseph pidió un whisky, deseando aliviar el estrés del día. Al tomar un sorbo de la fresca humedad, sintió un agradable arrebato de calor en el pecho y finalmente se relajó. Sus párpados se volvieron pesados y se cerraron por sí solos. Se quedó dormido.

Esta fue la primera vez que Joseph volaba a Rusia (así es como la gente en América aún llamaba a la ex Unión Soviética) desde que su familia emigró de Bakú a Estados Unidos casi veinte años antes. Durante los últimos quince años, se habían producido cambios inimaginables en la parte del mundo a la que el avión de Joseph lo llevaba, es decir, el colapso del país, la devastación, la guerra, el colapso económico y la hambruna. Parecía que la gente de la ex Unión Soviética, atrapada en el abrazo de circunstancias monstruosas y dada la "libertad" que no les correspondía, la percibía como permisividad y volvía sus ojos hacia los demás. Vecino contra vecino. De la noche a la mañana, los antiguos camaradas se convirtieron en enemigos, recordando agravios pasados. Joseph observaba esta locura desde otra parte del mundo y no podía creer sus propios ojos y oídos.

A principios de los años noventa, los refugiados armenios de Bakú comenzaron a emigrar a América. Joseph conoció a algunas de las familias, y le contaron historias horribles de sus vidas. Había vivido en esta ciudad hasta los catorce años, y se negaba a creerles; era demasiado difícil para él imaginar que los azerbaiyanos fueran capaces de tanta crueldad inhumana. Le contaron cómo una multitud frenética había irrumpido en apartamentos y asesinado, lanzado a la gente viva desde balcones, cortado cabezas y violado mujeres. "¿Cómo es posible...? - se repetía Joseph a si mismo. – No, ¡solo es increíble!

Él conocía toda la historia del conflicto en Nagorno-Karabaj y los eventos en Sumgait y Baku solo por rumores, de armenios y de periódicos en idioma ruso publicados en Nueva York. No pudo conocer y hablar con azerbaiyanos: eran muy pocos en esta ciudad.

En 1987, Joseph intentó llamar a sus viejos amigos de la Unión Soviética por primera vez, pero ninguno de los números respondió o estaban desconectados.

¿Dónde está Armen ahora? Incluso se decía que los rusos habían escapado de Azerbaiyán. ¿Dónde está Volodya...?

Capítulo 2

Joseph nació en la antigua ciudad de Bakú, ubicada en las orillas del Mar Caspio, que ha conservado los edificios históricos de su época de formación hasta el día de hoy.

Icheri-Sheher ("ciudad interior") es llamada con razón la Acrópolis de Bakú, que sumerge a los visitantes en la profunda antigüedad. Esta leyenda viviente, un tema de orgullo nacional, es el corazón de Bakú. Las antiguas murallas de la fortaleza fueron fundadas en el siglo II d.C. y se adentraron en el mar, y las olas del gris Mar Caspio chocaban contra su impregnabilidad de piedra firme. La futura capital de Azerbaiyán comenzó desde un territorio de 22 hectáreas rodeado de edificios fortificados.

Con el tiempo, el agua retrocedió y en lugar del área drenada se extendió un enorme y famoso bulevar costero de casi cinco kilómetros, uno de los bulevares más grandes de Europa.

Las murallas de la fortaleza, las torres con troneras, la Torre de la Doncella y las partes restantes de los palacios, todas estas huellas del glorioso pasado han sobrevivido hasta nuestros días. Casi todas las calles estrechas y tortuosas de Icheri-Sheher, donde dos personas no pueden pasar una al lado de la otra, están cubiertas de piedras de pavimentación, casas antiguas de dos y tres pisos de hace dos siglos, casi tocando el balcón, y se puede caminar fácilmente de una casa a otra. Este es el paisaje típico de la llamada Fortaleza, como llaman los hablantes de ruso de Bakú a la parte histórica de la ciudad. Se esconde como una perla preciosa en el seno de una enorme concha de la moderna megápolis, anidada en el borde del mar. Aquí hay paz y tranquilidad, el transporte de la ciudad no puede entrar aquí. La vida ralentiza su ritmo, como si entrara en una dimensión paralela, y las altas y silenciosas murallas con ojos vacíos protegen este lugar de la invasión de la civilización.

Otro hito de Bakú, la llamada parte europea de la ciudad, fue construido gracias al auge del petróleo de finales del siglo XIX y principios del siglo XX. Fue construido por arquitectos italianos y rusos utilizando el dinero de magnates locales y occidentales. El fuerte contraste arquitectónico entre la antigüedad oriental de la fortaleza y el estilo europeo del nuevo barrio le dio a Bakú una identidad única y siempre impactó la imaginación de los turistas. La parte europea rodeó gradualmente el masivo interior de la antigua fortaleza desde tres lados.

La planificación urbana posterior estuvo asociada con la construcción de edificios de la era soviética, declarando el monumentalismo y desfigurando la armonía arquitectónica de Bakú.

Los últimos en ser construidos fueron edificios de construcción post-soviética, que eran rascacielos de un solo tipo, dispersos de manera desordenada en el paisaje urbano y reforzando el efecto del caos arquitectónico.

José nació en una de las casas ubicadas en la parte europea de la ciudad. El edificio fue construido en los años noventa del siglo XIX. Originalmente era una casa de tres pisos, pero después de la Segunda Guerra Mundial, en 1947, se agregó un cuarto piso encima. Antes de la revolución, la casa pertenecía a uno de los magnates del petróleo. Se decía que pertenecía a Nobel mismo. Más tarde fue expropiada y entregada al pueblo.

Los techos del primer y segundo piso tenían cinco metros de altura, y en el tercer piso se redujeron a cuatro metros. Las paredes del primer piso tenían un grosor de un metro y medio y también se adelgazaban gradualmente en los pisos superiores. Se utilizó una mezcla especial de clara de huevo cruda, cerveza y arena en la construcción de la casa, que estaba hecha de grandes guijarros redondos de río. Esta mezcla inusual le dio una resistencia particular para que celebrara su centenario y no estaba dispuesta a detenerse allí. Los materiales únicos y un plan bien pensado ayudaron a garantizar que los apartamentos siempre estuvieran cálidos en invierno y frescos en verano. Hoy, los habitantes de la casa disfrutan de magníficas chimeneas alicatadas con azulejos multicolores y decoraciones de estuco originales de ángeles y rosas en las paredes y techos. La fachada de la casa también estaba elaboradamente decorada y causaba una gran impresión. La entrada al patio tenía la forma de un gran arco con un monograma en la parte superior, el emblema de la casa. Las bellamente diseñadas puertas de hierro siempre estaban cerradas por la noche.

Sin embargo, toda esta pomposidad desaparecía rápidamente en cuanto se atravesaba el arco hacia el patio. Aquí, justo a lo largo de la pared arqueada, había grandes y feas papeleras negras donde los roedores viles revolvían con papel podrido por la noche. Aquellos que tenían miedo a las ratas tenían que correr literalmente por el lugar. Luego, el arco terminaba y aparecía un gran patio.

Los patios de este tipo se llamaban "Patios Italianos" por alguna razón. Se decía que exactamente iguales se construían en Italia, pero difícilmente lo podía creer. Largos pasillos de enormes salones se reorganizaron y dividieron por numerosas particiones comunes, en las que se apiñaban un número desconocido de personas. Había balcones comunes y abiertos en todos los pisos, extendiéndose de manera circular. Siempre había ropa colgando de las cuerdas arrojadas desde el segundo hasta el cuarto piso. Los residentes del primer piso, que no tenían balcones, colgaban la ropa justo en el medio del área interior, lo que impedía que los niños locales corrieran y jugaran libremente. Había mucha gente, todos pobres, pero vivían honesta y alegremente. El único problema ocasional era entre vecinos o un marido borracho y una esposa infiel, lo que de ninguna manera empañaba el ambiente generalmente alegre.

A los niños locales les encantaba corretear por el patio, por todos los balcones e incluso por el techo. Las mujeres y hombres enfadados siempre se quejaban de las ruidosas y felices chicas peleonas.

Los amigos inseparables Rafik, Armen, Volodya y Joseph estaban entre ellos. Todos ellos nacieron aquí y comenzaron a ser amigos tan pronto como aprendieron a caminar y hablar. Tales compañías eran muy típicas para Bakú en general, toda la ciudad tenía la reputación de ser súper internacional. La vieja generación de personas soviéticas probablemente recuerda la existencia de una nación tan extraña como "la gente de Bakú", aunque en aquellos días nadie pensaba en el concepto de "nación" y "nacionalidad". Todo era común, soviético. Los cuatro pequeños amigos en el patio fueron apodados mosqueteros.

- ¡Aquí vienen los mosqueteros! - los niños más jóvenes les gritaban detrás. Los amigos iban a una escuela cerca de casa y estaban en la misma clase. Como de costumbre, también había grupos "elite" de 4-5 chicas y chicos. Por supuesto, los "mosqueteros" también estaban entre ellos, y dominaban toda la clase. Los chicos cortejaban a las chicas "elite", y todos los demás compañeros de clase "ordinarios" lloraban por las travesuras de los chicos. Por lo general, después de elegir el objeto del acoso escolar, comenzaban escenas sadistas con la crueldad inherente e inconsciente de los niños.

Una de las víctimas de los mosqueteros era una niña llamada Nadia. Los chicos la llamaban Nadya Piggy, porque a los doce años era una chica bastante grande y gorda, en comparación con la cual sus amigos parecían pajaritos. Era una cabeza más alta y el doble de grande que ellos. Era una montaña de carne blanca. Su cara era como el hocico cebado de un joven cochinillo. Tenía un parecido asombroso con este animal en la forma de su nariz, que era muy ganchuda y respingona, los labios pequeños y carnosos llenos de sangre, las mejillas regordetas como si siempre estuvieran llenas de comida, y la cabeza, casi perfectamente redonda, que estaba coronada con dos arcos rojos como dos orejas de soplillo. Su sonrisa dejaba al descubierto sus dientes grandes, blancos y torcidos. Nadia debía de padecer algún tipo de patología sexual. En sus años mozos, al igual que una drogadicta, necesitaba el tacto de las manos de un chico y no se derretía infantilmente por su afecto. Habiendo detectado tales tendencias en Nadya, los chicos le dedicaban literalmente todos sus descansos. Cinco o seis chicos, como perros furiosos, se abalanzaban sobre la chica, interpretando el papel de un animal herido y cazado, y la empujaban a la esquina más alejada del aula. Allí la inmovilizaron por todos lados. Todo ello acompañado de gritos y alaridos, Nadya mordía salvajemente y se resistía como podía. Si conseguía quitarse a los chicos de encima como si fueran cachorros, empezaba el acoso. Al final, Nadya se acurrucó detrás de un perchero junto a la pared del fondo. El perchero no hacía más que trabajar bajo el peso de la ropa de los alumnos, y cuando seis o siete personas se apretujaban detrás de él, temblaba cada vez, amenazando con derrumbarse. La chica se agachaba en un rincón y, agotada, se arrastraba lentamente hacia abajo, en cuclillas y con las rodillas abiertas. Echaba la cabeza hacia atrás, ponía los ojos en blanco, se calmaba y una sonrisa de felicidad aparecía en su rostro. Las manos de los niños se movían ansiosas entre sus piernas, tratando de proporcionarle a ella y a sí mismos un verdadero placer.

Todo esto duró unos minutos. Entonces, el timbre hizo que los diablillos se espabilasen y, uno a uno, saltaron de detrás del perchero. Nadya fue la última en salir, por supuesto, con una expresión diferente en la cara: feliz y confiada, tenía las mejillas rojas como un tomate maduro. Nadya era totalmente indiferente a quien se le acercara, así que los "mosqueteros" a veces invitaban a los chicos de otras clases a cazarla. Hacían todo lo que podían, lo que su mente infantil les permitía, ¡qué tonterías podían hacer! Para los adultos es difícil entenderlo todo... La memoria humana es corta y a menudo borra los recuerdos de lo que ocurrió en la infancia. Pero para los niños esas diversiones eran normales, algo natural. Y cuanto más atrevidas eran las payasadas de los niños, más influyentes les parecían a ellos mismos.

La feliz infancia de los años setenta pasó desapercibida. La verdadera vida adulta con sus problemas pasó de largo, porque los "Mosqueteros" eran solo adolescentes. Solo a veces capturaban escenas de sus padres peleando detrás de la pared, discutiendo sobre el dinero y el hecho de que algunos "podían vivir una vida normal" y otros "arrastraban una existencia miserable". Las familias de los amigos tenían diferentes niveles de bienestar material, pero esto no interfería en su comunicación. Volodya vivía con su madre, y los demás tenían dos padres cada uno. El chico no lo hacía bien en la escuela, y sus profesores no lo recomendaban para ingresar al noveno grado, creyendo que no sería capaz de dominar el programa. Volodya mismo tampoco quería hacerlo. Planeaba ir a una escuela de construcción y empezar a trabajar para ganarse la vida en dos años. El salario de su madre apenas alcanzaba para llegar a fin de mes.

Los otros chicos lo estaban haciendo bien y continuarían sus estudios en la escuela. Los cuatro estaban tristes por los próximos cambios, ya que estaban acostumbrados a pasar la mayor parte del día juntos. Pero les esperaban pruebas más serias por delante.

La noticia de la partida de Joseph y su familia a Israel llegó de la nada. Fue tan inesperado que al principio, los amigos ni siquiera le prestaron mucha atención. No entendían qué era la emigración y qué tenía que ver Israel con eso, ya que solo era 1981. En Bakú, la ola de emigración que comenzó en la Unión Soviética en 1977 fue baja, casi única. La luz verde se encendió después de que el Secretario General del

Comité Central del Partido Comunista de la Unión Soviética, Leonid Brezhnev, firmara en Helsinki un documento autorizando a los judíos soviéticos a mudarse a Israel para residencia permanente. Los niños soviéticos nunca habían oído hablar de esto, excepto, por supuesto, Joseph, quien le había dado su palabra a sus padres de no decirle a nadie, ni siquiera a los Mosqueteros, hasta el final. Asustaron a su hijo de que de lo contrario todos podrían ser encarcelados. Siendo un chico muy obediente, Joseph se mantuvo en silencio.

Reveló su secreto a sus amigos solo diez días antes de su partida. La reacción fue muy mixta. Los chicos comenzaron a bromear: "Mira, te vas al extranjero, así que lleva nuestras órdenes... Pero cuando Joseph explicó que, como otros judíos, estaba dejando la Unión Soviética para siempre y no había vuelta atrás, estaban conmocionados. Bakú no tenía los mismos estados de ánimo que los que tuvieron lugar en Moscú, Leningrado, Kiev, Minsk o incluso Tiflis. La intelectualidad disidente, charlando en sus cocinas, era tan limitada en número que no podía compararse con las capitales de las otras repúblicas soviéticas.

Los niños aturdidos no podían comprender lo que estaba sucediendo. ¿A dónde iba Joseph? ¿Por qué? ¿Qué haría allí y cómo vivirían sin él, y él sin ellos? Quedaba un poco más de una semana. Los padres de Joseph tenían miedo de los rumores y la publicidad innecesaria, así que organizaron una cena de despedida en el círculo más estrecho.

Cuando los Mosqueteros llegaron al umbral del apartamento de Joseph, ya se habían reunido familiares y amigos de la familia. Los chicos estaban en un mundo completamente diferente, donde todo lo que se escuchaba era hablar sobre quién ya había dejado la Unión Soviética y quién estaba a punto de hacerlo. Todos felicitaron a los recién emigrados por su buena suerte y pensaron que tenían suerte de obtener sus permisos de salida en un período de tiempo relativamente corto.

Volodya se sintió tan enfermo de todo este habla que invitó a Joseph a dar un paseo, especialmente porque era una noche de abril relativamente cálida y tranquila.

Una vez fuera, los chicos caminaron hacia el bulevar. Los brotes estaban hinchándose en todos los árboles y arbustos, y los olores de primavera estaban en el aire.

- No entiendo, ¿por qué, para qué? No sé por qué. ¿Y dónde? ¡Israel! Hace calor allí, solo hay desierto, camellos y espinas, - dijo Volodya indignado.

Cargado de culpa y de alguna manera una sensación de traición, Joseph trató de no discutir, no demostrar nada, y solo tranquilizó a su amigo, tratando de reducir el dolor de la inminente separación.

- Sí, tienes razón... Pero los parientes de mi padre, que viven allí, le escribieron que no es tan malo...

- ¿"No es tan malo"? Entonces, si ese es el caso, ¿tienes que irte...? ¿Dejar tu hogar, la ciudad en la que naciste, tus amigos con los que compartiste pan y sal, alegrías y tristezas? - Vova estaba a punto de llorar.

De repente, Joseph no pudo soportarlo y comenzó a llorar. Agarrando su cara con las manos, sollozó en voz alta. Y Volodya, con los ojos redondos, lo miró confundido. Rafiq abrazó a su amigo y le dijo bruscamente a Vladimir:

- ¿No ves que no está bien? ¿No notas en absoluto la condición de tu amigo? ¿Por qué lo estás presionando? - Luego se dirigió a Joseph. - Está bien, Joseph, cálmate, conoces a Vova.

Todavía sollozando, el adolescente se secó las lágrimas con la mano y abrazó también a Rafiq.

- Vamos, no estoy ofendido. Fue solo mucha presión... No pude soportarlo.

Después de un minuto de silencio, continuó:

- Sinceramente, yo también no esperaba que todo se volviera tan rápido y abruptamente. También estoy molesto de que esté perdiendo todo aquí, que vaya hacia lo desconocido, y siempre es aterrador.

- ¿Estamos en un funeral o qué? Vamos, chicos, - dijo Armen alegremente, tratando de animar a sus amigos.

- Y esto es peor que un funeral, - insistió Vova. - En los funerales enterramos a los muertos, y aquí nos despedimos de los vivos.

- ¿Finalmente te callarás o no? - Interrumpió Armen bruscamente.

- Chicos, parece que se conocen desde el primer día. ¡Gracias a Dios, han pasado catorce años! Todas las cosas funcionan para bien. Joseph se va y va a comenzar una nueva vida. Eso es interesante. Lo único que lamento es que no podremos comunicarnos debido a la "Cortina de Hierro", - resumió filosóficamente Armen.

- ¿Qué cortina? - preguntó Vova.

- ¡La cortina de hierro! Tienes que escuchar la Voz de América y la BBC - insertó orgullosamente su amigo.

- ¡No! Inventan todo tipo de tonterías - dijo Volodya incrédulamente.

- Es una persona ideológica, no escucha voces enemigas - dijo Rafik con una risita.

- Vamos, ¿y qué más necesitas? Siempre piensas en el extranjero. ¡Te estás volviendo loco por la grasa! - gruñó Vova.

- Bueno, sí, por mucho que alimentes al lobo, todavía mira hacia el bosque - Armen sonrió y guiñó un ojo a Rafik.

- ¡Basta, chicos! - exclamó Vova con resentimiento y se alejó ofensivamente.

- Chicos, ¡vamos a calmarnos! Solo quedan unos pocos días. Y necesitamos pasarlos de una manera para que sean largamente recordados. Quién sabe, cuándo nos volveremos a encontrar ... - dijo Armen.

Los padres de Joseph, Marik y Mila, tenían muchas cosas organizativas que cuidar: obtener varios certificados, arreglar el alquiler del apartamento y pagar por sus futuras reparaciones, obtener visas, ordenar boletos, vender algo ... Y empacar, empacar, empacar ... Estaban dejando atrás su pasado, el país al que pensaban pertenecer, su vida profesional con sus muchos días felices. Estaban dejando atrás a familiares y amigos que habían hecho durante años de estudio y trabajo, y las tumbas de sus padres. Dejaron atrás cosas queridas y libros. Se fueron, sin saber qué les esperaba. Hacia lo desconocido.

La última semana pasó volando como un parpadeo.

Luego fue Viena, Roma y Nueva York. Se encontraron en una realidad diferente. Desde entonces, Joseph nunca volvió a saber de sus amigos.

Capítulo 3

Como todos los judíos soviéticos que emigraron a Israel en ese momento, Joseph y sus padres primero llegaron a la capital de Austria. Un representante israelí los recibió en el aeropuerto y les explicó que podrían volar a su país al día siguiente. Luego, Marik reveló al enviado la verdadera intención de su familia: estarían esperando el permiso de sus familiares en Estados Unidos para ingresar.

Cuando llegaron, abordaron una minibús que pasó por el aeropuerto y entró en un gran parque. La gente corría por las alamedas a ambos lados del camino, algunos en bicicleta, otros a caballo con trajes anticuados. Junto al coche, una yegua pasó corriendo, enganchada a un carruaje tirado por caballos, donde una pareja enamorada se abrazaba. Los niños corrían por los prados y las praderas con sus madres o niñeras y gobernantas sentadas en bancos elegantes.

El parque terminó y la minibús continuó conduciendo por las hermosas y limpias calles, donde la multitud bien vestida y animada caminaba sin prisa ni agitación. Mila y Marik, que nunca habían estado en el extranjero, estaban sentados como hipnotizados, mirando por la ventana.

Condujeron durante bastante tiempo. Finalmente, llegaron a la pensión "Korkius" en Haacken-gasse.

La habitación estaba en el segundo piso. La habitación era grande, con tres camas, un baño, una nevera, una cocina de gas, ollas, sartenes, manteles, platos y cubiertos. Mirando alrededor, Mila exclamó sin querer:

- ¡Gracias a Dios por dejarnos escapar! ¡Gracias a Brezhnev por no oponerse a dejar salir a los judíos soviéticos!

Aquí tuvieron varios días para quedarse. La noche siguiente, la familia de Joseph decidió pasear por la ciudad. Muchas de las tiendas ya estaban cerradas, pero incluso mirar por las ventanas hizo sentir a Marik y Mila medio impactados.

Regresaron a la pensión alrededor de la medianoche. Se levantaron temprano por la mañana, se vistieron ligeramente según el clima y condujeron hasta el mercado.

La plaza frente a la entrada estaba llena de flores. Cuando entraron al edificio cubierto, Marik y Mila se quedaron congelados de asombro. Estaban acostumbrados al lujoso lujo de los mercados azerbaiyanos, y nada podía sorprenderlos. Sin embargo, nunca habían visto nada como esto antes. Cestas de fresas, frambuesas y cerezas eran escarlatas en los mostradores a pesar de la temporada. Cerca colgaban racimos de uvas nubladas, y se erguían montañas de plátanos, naranjas y pomelos. Mostrando orgullosamente sus hojas verdes firmes agrupadas, había piñas maduras de color naranja y amarillo. Las filas de verduras estaban abarrotadas debajo de las pilas de verdes. Los tomates, pepinos, berenjenas, lechugas, y hongos frescos estaban organizados de forma muy específica.

Durante algún tiempo, la pareja no podía superar esta abundancia durante todo el año. Sin embargo, el mayor shock les esperaba en la sección de carne. Marik vio carne de todas las variedades acostadas y colgando, con y sin huesos, pollos, patos y gansos limpios y desplumados. Durante varios minutos, el hombre se quedó sin palabras, mirando la imagen roja y rosa que parecía irreal como si hubiera salido de una pintura del pintor flamenco. Al salir del mercado, regresaron apresuradamente mientras se acercaba el momento de visitar HIAS, una organización de caridad judía que ayuda a los judíos soviéticos a emigrar. Fueron recibidos con una cálida bienvenida como si hubieran sido esperados durante mucho tiempo. Después de una conversación, los ayudaron a completar los formularios y les dijeron que partirían hacia Roma en un día. Después de recibir sobres con dinero, la familia se dirigió a una casa de huéspedes.

El día siguiente fue su último día en Viena, y decidieron ver la Catedral de San Esteban, el santo patrón de la capital, ubicada en la parte antigua de la ciudad. Vieron la iglesia brillando con colores dorados, sus torres llegando hasta el cielo, y su techo inclinado revestido con tejas doradas. El estilo barroco se unió a la solución arquitectónica con el gótico en forma de flecha, y este eclecticismo le dio a la catedral una alegría y ligereza aireada.

El mobiliario interior fue asombrosamente lujoso, no ostentoso, sino noble, manteniendo la dignidad. Por falta de tiempo, no pudieron quedarse para admirar cada pintura, escultura, decoración del pasillo y del coro, pero subieron las escaleras de la torre sur, subiendo trescientos cuarenta y tres escalones. Desde aquí tuvieron una vista inolvidable de la ciudad nocturna, brillando con luces de todos los colores imaginables e inimaginables, como si se hubiera encendido una iluminación festiva en honor a su llegada. Así es como recordaron la hermosa capital.

Por la mañana, empacaron sus pertenencias, subieron al minibús y se dirigieron a la estación de tren.

Un representante de HIAS se reunió con los pasajeros que partían en la plataforma y les entregó sus boletos. Todos se subieron a sus vagones de tren. El tren viajó por el ferrocarril en los Alpes. Los migrantes en los compartimentos adyacentes se agolparon alrededor de las ventanas en el pasillo, con las ventanas abiertas, contemplando los pueblos alpinos y el maravilloso paisaje de montaña debajo. El aire era delicioso, fresco pero no frío.

Después de viajar por la mitad de Italia de norte a sur, el grupo llegó a Roma, donde fueron recibidos nuevamente por el personal de HIAS. Buses especiales llevaron a los huéspedes a apartamentos preparados.

Al día siguiente, la familia de Marik fue a la oficina de la organización benéfica, donde les entregaron los documentos para obtener visas para entrar a Estados Unidos y se les explicó cómo podrían cobrar el cheque que les habían dado.

Ahora, la ciudad eterna de Roma estaba frente a ellos. Marik se congeló frente al Coliseo, el más grande de los anfiteatros romanos antiguos, que había sido construido en una depresión entre las colinas del Esquilino, Palatino y Celio, en el lugar exacto donde había estado el estanque que había pertenecido a la Casa Dorada de Nerón. El Coliseo se destacó de todas las construcciones similares de la época por la enorme magnitud de su tamaño:

La longitud de su elipse exterior era de 524 metros; la longitud del eje mayor era de 188 metros; la longitud del eje menor era de 156 metros; la arena medía 86 metros de largo y 54 metros de ancho; la altura de las paredes variaba de 48 a 50 metros. ¡Con estos parámetros, el Coliseo podía alojar hasta 87.000 espectadores! Marik no podía haber imaginado ni en sus sueños que llegaría el día en que podría tocar estas antiguas piedras con sus propias manos.

- Mila, ¿alguna vez imaginaste que estarías en Roma? - preguntó emocionado a su esposa.

- Verás, incluso los sueños más atrevidos se hacen realidad -respondió la esposa sonriendo.

Había tres familias, un total de once personas, esperando su destino. Cada familia recibió una habitación. Compartían la cocina, dos baños y el balcón. Por las noches, toda la compañía se sentaba en el balcón y hablaban. Este lugar fue apodado "la moneda de diez centavos". Las noticias llegaban aquí antes que a la Casa Blanca, el Kremlin o la Knesset.

- Deberíamos ir a Detroit, declaró Motya de Minsk con aplomo. ¡Las fábricas de Ford necesitan nuestra mano de obra!

- Y yo esperaré a Canadá, argumentó el entrenador de boxeo de Kyiv.

- Me aconsejaron ir a Australia, intervino el carnicero de Berdychev.

- ¿Quién te aconseja ir a Australia? - preguntó Yasha, el bromista de Vitebsk.

- Mi esposa, sonrió avergonzado.

- Yo no estoy casado, respondió Yasha, pero sé por experiencia de mis amigos que debes escuchar a tu esposa. ¡Dicen que en Australia, cada familia recién llegada recibe dos canguros de inmediato!

Pero el carnicero no tenía sentido del humor.

- Yasha, preguntó, ¿la carne de canguro es buena?

No tuvo tiempo de responder porque Lázaro apareció en el umbral y los ojos de todos se volvieron hacia él. Este hombre tenía una ventaja sobre los demás emigrantes: estaba siendo recibido por una prima tercera de Chicago. Lázaro nunca la había visto, pero estaba lleno de sentimientos familiares y la llamaba nada menos que "mi querida hermana Rose".

- Lázaro, ¿qué escriben desde Chicago? - le llamó Yasha.

- Mi querida hermana está muy ocupada: la familia, el negocio.

- ¿Y cuál es su negocio?

- Yasha, ¡no son ellos, es ella! Es una gran fábrica. Se llama "LAVANDERÍA".

- ¿Y qué es eso? - preguntó el carnicero.

- Aparentemente, Lázaro realmente necesita el dinero. ¡Entra, Rose! dijo Yasha con una risita. - Y luego las últimas tres letras...

- No es así como se deletrea, objetó Lara, una contadora de Moscú.

- ¡Pero es así como se escucha! - insistió el bromista.

Todos rieron, pero Lázaro dejó pasar la broma:

- Yasha, una mujer al frente de un negocio, es... ya sabes...

Pero en cuanto llegue allí, pondré todo en el camino correcto.

Eres un buen hermano, Lázaro, - dijo Yasha con una sonrisa. Un Candidato en Ciencias de Riga se unió a la conversación:

- ¿Qué tan difícil crees que será encontrar trabajo en mi campo? Soy genetista.

- Si realmente lo quieres, lo encontrarás, dijo Yasha con seguridad.

- Y yo quiero ir a Georgia, dijo Givi de Tbilisi. - Iré a trabajar a un restaurante, incluso puedo lavar platos o limpiar el piso. No importa. Luego les presentaré nuestra cocina georgiana, ¡les encantará! Me darán trabajo como chef. Y luego abriré mi propio restaurante.

- ¡Suena genial, Givi! - Yasha le dio una palmada en el hombro. - ¡Estoy listo para reservar una mesa en tu restaurante!

- Si crían canguros allí, significa que su carne es sabrosa después de todo, seguía hablando el carnicero de Berdychiv. - Debería haber ido directamente a Australia. Ya sería rico.

Así, sin que nadie se diera cuenta, con sentimientos encontrados, pasó casi un mes. Por un lado, estas personas estaban eufóricas por estar en la hermosa ciudad de Roma, y por otro, experimentaban una humillante sensación de completa incertidumbre sobre el futuro. Era una sensación familiar para cientos de migrantes que se quedaban en la capital italiana. Algunos no podían soportarlo y se iban a Canadá o Australia. Un día, Marik, Mila y Joseph fueron a la Embajada Americana para una entrevista.

En la oficina designada, donde les invitaron a ir, los huéspedes fueron recibidos por un oficial que hablaba ruso con fluidez. Fue muy amable, hizo varias preguntas relacionadas con las actividades profesionales de Marik y sus familiares estadounidenses, y al final de la entrevista, anunció una decisión positiva. Un sentido de alegría llenó sus almas ansiosas, e incluso Mila lloró de felicidad.

Capítulo 4

Pronto llegó el último día en Roma. A la mañana siguiente, partieron desde el Aeropuerto Internacional Leonardo da Vinci hacia Nueva York.

En Nueva York, los recibió el tercer primo de Marik, Leonid, quien vivía en la famosa calle Brighton Beach, considerada el centro de la emigración de habla rusa de América, con su esposa e hija. Fue mostrada en la televisión soviética por el profesor Zorin, un popular comentarista político de la época. Los desconcertados espectadores soviéticos vieron puestos llenos de comida y vendedoras gordas posando para las cámaras. La impresión más indeleble en los ciudadanos poco sofisticados fue la enorme variedad de productos de salchichas. Por supuesto, Zorin mostró a un indigente descansando pacíficamente en el suelo y vidrios rotos en la ventana de algún edificio abandonado, pero nadie prestó atención a esto.

Leonid alquiló un apartamento de dos habitaciones al lado para sus parientes e incluso lo amuebló con algunos muebles. Antes de que los recién llegados cansados pudieran darse cuenta, los arrastró a caminar por la avenida Brighton Beach. Mientras caminaba, el hermano de Marik agitaba los brazos y sacudía la cabeza con tanta fuerza, explicando y mostrándoles algo, como si quisiera verter toda la información que conocía en las mentes de los pobres invitados en el primer día.

El edificio de cinco pisos donde Joseph y sus padres se habían mudado era un edificio de la preguerra. Un amplio pasillo con hermosos azulejos, paredes espejadas, grandes jarrones de piso con flores artificiales y estantes de mármol con macetas de plantas vivas, todo brillaba en perfecta limpieza, no se veía ni una sola mota de polvo en el suelo.

En Nueva York, la familia de Joseph estaba bajo la tutela de NYANA, una destacada organización judía estadounidense que enseñaba inglés, presentaba las leyes estadounidenses y ayudaba a la familia a adaptarse al nuevo mundo. La organización ayudó a la familia con muebles e incluso les proporcionó su primera ropa de abrigo de invierno. Los colonos tenían viajes gratis en el transporte de la ciudad, desayuno y almuerzo mientras estudiaban. La oficina de bienestar municipal también pagaba una asignación mensual en efectivo para alimentos, ropa y parte del alquiler. La familia de Marik era elegible para recibir atención médica gratuita y podían obtener medicamentos muy costosos sin costo alguno. Los padres de Joseph estaban en shock duradero por toda la felicidad y comodidad que se había desencadenado tan repentinamente sobre ellos.

A menudo se sorprendían al encontrarse con compatriotas anteriores en Brighton con caras insatisfechas y no podían entender qué podría haber causado eso. En respuesta a sus preguntas, por lo general escuchaban exclamaciones de que "cuando hayas vivido aquí tanto como nosotros, sufrirás por la misma mierda". Muchos emigrantes añoraban sus vidas pasadas, y ni siquiera les gustaba la comida local. Todo era insípido, no como en casa, como estaban acostumbrados.

Marik y Mila se resintieron de la posición injusta de los antiguos ciudadanos soviéticos hacia el país que les dio refugio y donde estaban tan ansiosos por ir. Por otro lado, también era comprensible, desde un punto de vista puramente humano: habían venido aquí a una edad madura, habiendo vivido la mayor parte de sus vidas en un país con una mentalidad completamente diferente. Su juventud, carreras y amigos estaban en el pasado, y ahora era como si estuvieran encerrados en una jaula dorada, desconectados de la comunicación habitual, sea lo que sea.

Así que, atrapados en el torbellino de la vida acelerada de Nueva York, Joseph y sus padres lucharon para evitar ahogarse. El objetivo principal de su existencia era recuperarse. Por un lado, las duras condiciones en este país no eran tan fatales, pero por otro lado, comenzar un negocio no era tan fácil, ya que la competencia era feroz. La dureza de las condiciones, paradójicamente, se debía a las amplias oportunidades que existían en el sistema social estadounidense. Se alentaban igualdad de oportunidades para empezar y se creaba una feroz competencia entre aquellos dispuestos a aprovecharlas, y la sana competencia establecía el tono de la vida estadounidense. La gran atracción de la verdadera realización de bienes materiales impulsaba a millones de personas en esta cinta transportadora de trabajo continuo que podría conducir al sueño anhelado. En esto se construyó la grandeza de la democracia estadounidense, porque al final, las personas más merecedoras lograron abrirse camino hacia el éxito.

En el momento de su emigración, Marik tenía cuarenta y tres años. La edad más incómoda para los cambios: ya no joven, pero no aún viejo. El principal problema para los migrantes en este grupo de edad era la barrera del idioma. El inglés era tan malditamente difícil de aprender, las palabras extranjeras no se asentaban en la mente. El curso de seis meses no había servido para nada. Vivir únicamente con una asignación era incómodo y humillante, así como insoportable, dado las muchas tentaciones que los rodeaban.

Era algo que Marik y nadie más tenía que resolver. No se puede decir que la emigración cambiara a las personas de ninguna manera; quizás solo las rompió. Pero básicamente, la forma en que eras en tu tierra natal es la forma en que te quedabas aquí. La emigración solo sacaba a relucir las fuerzas que todos tenían, destructivas o creativas. El éxito en encontrar trabajo llegaba a aquellos que eran capaces de encontrar un compromiso entre sus ambiciones y las oportunidades reales.

Al evaluar sus posibilidades de manera realista, Marik decidió trabajar como conductor de taxi, al igual que muchos migrantes soviéticos de mediana y tercera edad. Al principio, sintió un pellizco: después de todo, el ingeniero jefe de la planta de repente se había convertido en un conductor ordinario. Sin embargo, cuando conoció a sus nuevos colegas de la compañía de limusinas, quedó claro que sus sentimientos no eran únicos: todas estas personas compartían la misma situación, y no había nada que pudiera hacer al respecto. De hecho, sus colegas eran un profesor, un exdirector de escuela, un pianista y un geólogo.

Poco a poco, Marik aceptó la situación, pero nunca se acostumbró a la sensación horaria de humillación que cualquier migrante experimenta en un lugar nuevo. Se decía a sí mismo que tenía que soportarlo y quizás se volvería más fácil con el tiempo. Para ello, se esforzó toda su voluntad. No había otra manera. Después de todo, vio a muchos otros a su alrededor que se derrumbaron, incapaces de soportar la prueba. Como resultado, entre los recién llegados que hablaban ruso, hubo una enorme cantidad de divorcios y crisis nerviosas. Los hombres a menudo se emborrachaban hasta la muerte, las mujeres dejaban a los esposos negligentes que se habían convertido en una carga e intentaban casarse con estadounidenses.

Marik envidiaba a la gente de este país, a aquellos individuos seguros de sí mismos y autosuficientes que sentían que eran dueños del lugar. Como el patito feo del cuento de hadas, ansiaba ser parte de esta vida, entrar en su círculo. Pero entre ellos había una enorme brecha lingüística y social. Cada vez más a menudo, el hombre recordaba las palabras de un poeta griego antiguo: "Para la felicidad completa, un hombre debe tener una patria gloriosa".

Con el tiempo, Marik comenzó a acostumbrarse a la libertad. Era agradable y cómodo vivir en América. Sin embargo, notó que muchos migrantes nunca habían dejado atrás la nostalgia por su hogar. Incluso tenía una teoría al respecto. Creía que al dar el paso fatal, estas personas mostraban la fuerza de su carácter, pero involuntariamente se llevaban un pedazo de la Unión Soviética con ellos. Marik veía la solución al problema en olvidar el pasado. Y solo entonces serías verdaderamente libre.

Marik odiaba a las personas que se burlaban de los sentimientos religiosos y las tradiciones de otras naciones. Él creía que la grandeza de un país y de una sociedad no se trataba de indignarse, por ejemplo, por las mujeres musulmanas que usaban burkas o las mujeres jasídicas que usaban pelucas, sino más bien que las personas debían poder vestirse y vivir según sus tradiciones sin temor por sus vidas y reputaciones, pero de acuerdo con la ley. Esto era cierto en el conglomerado multicultural y multilingüe conocido como Nueva York, donde a todos se les permitía ser ellos mismos: usar hiyabs, paisas, sombreros cilíndricos divertidos, pelucas, barbas, pantalones cortos y minifaldas. En Estados Unidos, los seres humanos se sienten menos alienados que en cualquier otro lugar del mundo.

Marik y Mila estaban muy contentos con el progreso escolar de Joseph. En la escuela, como en cualquier estructura social en Estados Unidos, había una clara estratificación. Entre los estudiantes, esto se expresaba, sobre todo, en la complejidad del plan de estudios. Por ejemplo, había clases para estudiantes cuya lengua materna no era el inglés, clases de nivel intermedio y clases "avanzadas" con programas extremadamente complicados y muchas actividades extracurriculares. Los niños se clasificaban según su nivel de conocimientos y habilidades mentales. De esta manera, nadie quedaba excluido y, lo más importante, no se socavaba la dignidad de los niños. Los estudiantes en cada clase tenían aproximadamente el mismo nivel de desarrollo.

El sistema educativo soviético ciertamente era más intenso y exigente que el de Estados Unidos, y la mayoría de los estudiantes obtenían buenos conocimientos. Sin embargo, existía el mismo plan de estudios para los mejores estudiantes, los buenos estudiantes y los malos estudiantes que desencadenaba el mecanismo de estratificación socio-psicológica. Un estudiante "F" era considerado de segunda o tercera categoría, un matón flagrante, casi un marginado, todo porque había obtenido un "D" o un "C" en matemáticas o ruso. Esto afectaba gravemente a muchos niños y dejaba una marca de por vida en su psique. Además, el sistema soviético no tenía en cuenta las cualidades humanas de los estudiantes. No siempre era cierto que el carácter moral de un estudiante "F" fuera peor que el de un estudiante "A". Pero a nadie le importaba eso. El conocimiento, los números y la disciplina eran lo más importante en el crecimiento de un individuo. En Estados Unidos, incluso el estudiante más débil en una clase de inmigrantes se sentía bastante feliz, porque nadie y nada disminuía su dignidad. Estaba en la misma posición que sus compañeros de clase. En la URSS, en las reuniones de padres y maestros, los maestros pisoteaban públicamente a algunos estudiantes y ensalzaban a otros. En Estados

Unidos, la reunión de padres y maestros era una reunión confidencial entre el maestro, los padres y el estudiante, porque la dignidad y el respeto humanos eran y son lo más importante.

Joseph estaba en la clase más avanzada de la escuela más avanzada de Brooklyn, y su progreso fue impresionante. Sus maestros no podían dejar de elogiarlo y predijeron un futuro brillante para él.

América es verdaderamente un país asombroso. ¿Cuál es su diferencia fundamental con la mayoría de los demás países del mundo? En primer lugar, su diversidad absoluta, que lo hace destacar frente a la uniformidad multinivel de los países socialistas. Si uno se da cuenta de esta diferencia fundamental, todos los argumentos sobre la mala calidad del sistema educativo estadounidense desaparecen. La educación aquí abarca todas las escalas, desde "muy mala" hasta "muy buena", desde escuelas de inmigrantes hasta prestigiosas instituciones educativas privadas de renombre mundial. Y así es con todo. Se podría decir que América refleja la diversidad del mundo moderno. Es por eso que son tan relajados con la crítica, porque siempre se puede encontrar algo muy bueno y algo muy malo. Las mismas leyes se aplican a todos, por lo que las personas se sienten seguras y la mayoría vive en bienestar y prosperidad. Dentro de la ley, todo es posible, desde la vulgar propaganda de sexo libre hasta los altos fundamentos morales de un segmento conservador de la sociedad, desde la pura estupidez humana hasta las manifestaciones más extraordinarias del genio humano. Y lo más importante: si alguien lo desea, cada ciudadano puede encontrar un nicho para la expresión personal aquí, independientemente del nivel de conocimiento, habilidades, gustos y preferencias. En este sentido, Nueva York es el ejemplo más claro del estilo de vida estadounidense. Aquí coexisten en estrecha simbiosis todo tipo de culturas, artes, historia y religión, todas las mejores y peores características de la civilización humana.

Esto es algo en lo que Marik a menudo pensaba mientras llevaba pasajeros desde Brighton Beach a otras partes de la ciudad de Nueva York. Esta calle se había vuelto casi nativa para él. No era notable por sí misma. Sobre una gran parte de ella, como una enorme serpiente, colgaba un monstruo de hierro y tembloroso llamado el metro de América. Los trenes todavía circulaban sobre esta pila de metal oxidado de hace un siglo y el horrible traqueteo metálico siempre era doloroso para los tímpanos. Era una tortura a la que Marik nunca se acostumbró. Todo Brighton estaba literalmente silenciado por los chillidos y el estruendo, y era casi inútil hablar. Teniendo en cuenta que los trenes en la ciudad de Nueva York funcionan estrictamente según un horario de cada cinco a diez minutos, uno podría imaginarse fácilmente el ruido de fondo en el que vivía y aún vive este alegre barrio.

Una de las atracciones de la calle eran sus tiendas de verduras y comestibles. Aquí podías comprar casi cualquier cosa vendida en las quince repúblicas de la Unión Soviética.

La gente de Brighton en sí misma era también una atracción importante. No por nada se le apodaba la Pequeña Odessa, lo que enfatizaba la superioridad de los odessanos, quienes sentían que eran los verdaderos dueños aquí. Fueron ellos quienes arrebataron este lugar grato al contingente afroamericano y convirtieron el barrio antes delictivo en un paraíso floreciente donde los recién llegados de habla rusa vivían tan cómodamente. Algunos antiguos odessanos creían que otros inmigrantes de la Unión Soviética habían venido aquí "con todo listo" y solo estaban cosechando injustamente los beneficios de otros. Así que solían decirle a cada recién llegado, especialmente si no era de Odessa: "Hemos tenido mierda aquí, y tú también deberías tenerla".

Brighton se ha convertido en un destino de peregrinación para visitantes y turistas, incluyendo por su hermosa playa. Un paseo favorito de los habitantes de Brighton y visitantes es el famoso boardwalk, que es una plataforma de madera que se extiende a lo largo de la orilla del océano por varios kilómetros.

Acogedores gazebos y varios restaurantes famosos con vistas al mar hicieron de este lugar indispensable para el entretenimiento y el descanso. Algunas personas, cuidando su salud, corren por la plataforma de madera a lo largo de la costa desde las 6 de la mañana, otros simplemente pasean, otros se sientan en los bancos y respiran el aire limpio del océano, y otros prefieren ir a una cafetería o restaurante para admirar el juego de las pequeñas olas y disfrutar de la brisa ligera. Por la noche, se encienden las farolas y la multitud relajada y festiva sale a ver y ser vista. Los corteses camareros sirven habilidosamente las mesas esperando a los visitantes. Hay música en vivo en días festivos y a veces los fines de semana, y todos pueden bailar.

Por los inmigrantes de la antigua Unión Soviética, el espectáculo más asombroso era el show de fuegos artificiales que podía verse desde el paseo marítimo cada domingo a las nueve de la noche. Dos barcos de guerra comenzaban a disparar sus cañones, creando asombrosas figuras de fuego de diferentes colores en un cielo negro salpicado de estrellas, a veces dispersándose y otras veces reuniéndose en un patrón extraño. Para los inmigrantes soviéticos, los fuegos artificiales siempre estaban asociados con algún tipo de gran festividad, pero aquí era un ritual semanal regular. En una palabra, cuando ibas al paseo marítimo, llegabas a una celebración de la vida. La gente temporalmente olvidaba el trabajo, los problemas y las enfermedades, se relajaba y simplemente se divertía sin preocupaciones.

¡Cómo vuela el tiempo en América! Muchos recién llegados se quejan de que los días aquí pasan más rápido que en su tierra natal. Marik estaba seguro de que esta condición estaba relacionada con la sensación permanente de estrés que experimentaban todos los migrantes. Esta ansiedad subconsciente se había convertido en una parte integral de sus vidas, convirtiéndose en una especie de norma de ser. Cualquier persona que vive en las cadenas de la ansiedad constante sentirá que su vida está avanzando más rápido. Este es un efecto puramente psicológico.

Al principio, Marik y su familia tuvieron que tomar el metro mucho porque era la forma más conveniente de transporte público en la ciudad. En la ciudad de Nueva York, la red de metro es extensa. Paradas cortas y frecuentes, y intervalos cortos (un promedio de cinco a quince minutos) entre trenes permiten a las personas llegar a cualquier punto de la gigantesca metrópoli relativamente rápido. No es en vano que sus servicios sean utilizados diariamente por alrededor de seis a siete millones de personas.

Marik y su familia a menudo tomaban el metro para llegar a varias citas. La palabra "cita" se puede incluir en el idioma ruso ya que es la palabra en inglés más utilizada entre los migrantes de habla rusa. Se traduce como "reunión programada", pero el equivalente léxico en ruso no transmite todo el significado original. En América, nadie va a ningún lado sin una cita previa. Primero, tienes que llamar y acordar el día y la hora de la visita, sin eso no te aceptarán en ninguna parte.

Marik siempre observaba con interés a las personas sentadas y paradas a su alrededor en el tren o vagón (esta es la segunda palabra en inglés más popular, que nunca se pronuncia aquí en ruso). Las personas en el metro suelen estar inmersas en sus propios asuntos, y nadie está mirando fijamente a nadie. Mirar descaradamente hacia adelante se considera de mala educación. Por eso Marik miraba a todos furtivamente.

Hay una bonita chica blanca sentada enfrente, inmersa en la lectura de un libro. De vez en cuando se suena la nariz bastante fuerte, tratando de no dejar que la humedad persistente salga de su nariz y se asiente cómodamente en su bonito labio superior. En la esquina lejana del vagón, un enorme hombre negro sin hogar, envuelto de pies a cabeza en ropa de colores, se estira cómodamente en cuatro asientos a la vez. A su lado, justo en el suelo, están sus pertenencias: un impresionante saco negro lleno de basura desconocida. El vagabundo desprende el persistente hedor de una mezcla de mierda, orina y sudor. Es por eso que la parte del tren donde se sienta majestuosamente está casi vacía. El resto está lleno de filas de trabajadores. Ninguno de ellos perturbará su pacífico sueño, todos simplemente tratarán de mantenerse alejados de él y ocasionalmente lanzarán una mirada lasciva en su dirección cuando la sutil brisa traiga el insoportable olor.

Existe la percepción común de que a los estadounidenses no les gusta leer. Sin embargo, esto no es del todo cierto. Todos los pasajeros del metro se pueden dividir en tres categorías. La más grande de ellas: personas que leen periódicos, libros y revistas; la siguiente: personas que escuchan música (con audífonos, por supuesto), y finalmente, aquellos que duermen. Por lo tanto, prácticamente no hay ociosos entre los pasajeros, mirando ociosamente alrededor.

Otra característica distintiva del metro es que aquí, incluso en un tren lleno, nadie toca, presiona o empuja a nadie con los codos. Y si un vagón está abarrotado, nadie intentará meterse en él, sino que simplemente esperará el próximo. Debe estar de acuerdo en que estas son cosas elementales que, tal vez, no debería haber escrito... Pero, ¿quién discutiría que son estas pequeñas cosas las que causan la mayor inconveniencia?

A veces, Marik tenía que llevar pasajeros a Harlem, que está en la parte norte de Manhattan. Cuando vio el vecindario por primera vez en 1983, una idea traicionera le pasó por la mente de que todo el mundo estaba poblado por personas que no estaban realmente desarrolladas culturalmente. Las aceras manchadas, la suciedad, las entradas que olían a orina, los botones de ascensor quemados, todo eso le recordaba a su Bakú natal y a otras ciudades soviéticas. Los locales, sin trabas por la civilización, parecían haber venido a disfrutar de sus beneficios por un tiempo.

Los pensamientos ociosos de Marik sobre las similitudes entre los negros y los soviéticos fueron interrumpidos por la voz del despachador, que le pidió que recogiera a tres chicos y los llevara a una dirección cerca de la oficina del despachador. Esto era en Brooklyn.

Al acercarse a una casa privada, Marik vio a tres africanos-americanos muy jóvenes pero muy grandes esperándolo. Los ruidosos jóvenes se extendieron descuidadamente en los asientos, sacaron sus cigarrillos y comenzaron a llenarlos con marihuana. Ignorando al conductor, los chicos hablaban en voz alta, interrumpiéndose mutuamente con sonidos guturales. Marik trató de no prestar atención a sus travesuras y estaba ansioso por deshacerse de los pasajeros no muy agradables lo antes posible. Pronto todo el auto se llenó de humo, y el penetrante y peculiar olor de la cannabis le llegó a la nariz.

Era una fría noche de enero y eran las nueve y media. Marik bajó la ventana para evitar la asfixia. Todavía no conocía muy bien las calles y tomó un camino equivocado. Uno de los pasajeros en la parte trasera, aparentemente insatisfecho con esto, murmuró algo y golpeó ligeramente al conductor en la cabeza. La persona que estaba delante de él parpadeó y le ofreció un trago. Marik sacudió la cabeza negativamente. Los tres rieron al unísono, y el hombre recibió otro golpe en la cabeza. La risa continuó. Los chicos sentían su poder, y Marik estaba completamente confundido. Todo se mezclaba en él en ese momento: la ira, la impotencia y la humillación. Estaba tan aturdido que se olvidó de su walkie-talkie. La persona que estaba delante de él, como si hubiera captado sus pensamientos, agarró el transmisor y lo arrojó al asiento trasero. Allí, el dispositivo fue recogido y, gritando de deleite, golpearon al conductor en la cabeza con él.

Marik ya no podía soportarlo, así que empezó a gritarles a los jóvenes en una mezcla de ruso e inglés. Pero el chico a su lado, notando su billetera sobresaliendo, comenzó a meter la mano en el bolsillo de Marik. El conductor intentó evitar el robo con una mano, pero con la otra agarró firmemente el volante, continuando a conducir. Las lágrimas brotaron involuntariamente de su resentimiento e impotencia, y, rugiendo fuerte como un animal perseguido, pisó el acelerador. El automóvil se alejó a toda velocidad. Los chicos, asustados, se quedaron callados al principio, y luego los de la parte trasera le pidieron que parara. La persona que estaba delante, ignorando la velocidad, miró al conductor con sorpresa y murmuró:

- Chicos, mira, está llorando, está llorando...

Cuando finalmente, Marik se detuvo no muy lejos de la oficina del despachador, las puertas del auto ya estaban abiertas. Ni siquiera pensó en bloquearlas. Los tres chicos saltaron del auto y huyeron. Aturdido por la rabia y la humillación, Marik corrió tras ellos. Pronto alcanzó al que estaba sentado a su lado. Marik no era bueno peleando. Agarró al chico por el cuello con ambas manos, lo sacudió desesperadamente y al minuto siguiente recibió un fuerte golpe en la cara. El puño lo golpeó justo en la ceja, con tanta intensidad que la abrió. La sangre inundó instantáneamente su ojo. Marik soltó al ladrón, se aflojó las manos y automáticamente agarró su cabeza. El joven arregló tranquilamente su ropa, se dio la vuelta y desapareció en la oscuridad...

La cicatriz en su ceja seguía recordándole a Marik de este desagradable incidente, que casi le costó su ojo derecho. Normalmente, en tales situaciones, al conductor se le instruía que abandonara el automóvil y llamara al 911 en la primera oportunidad. Pero para Marik, como para otros recién llegados, la vida en un entorno lingüístico extranjero era un gran desafío. Habían pasado cinco años desde que llegaron a los Estados Unidos, y él seguía tartamudeando al hablar con los estadounidenses. Marik incluso estableció un paralelo entre aprender inglés y el hombre que decidió escalar la montaña más alta. Lleno de energía, incansablemente y sin descanso, sube hasta la cima, y parece que la cumbre está muy cerca, literalmente al alcance de su mano. En el siguiente momento, su mandíbula comienza a caer, sus ojos se redondean en decepción, y una sensación de desesperanza le aprieta el corazón cuando se le presenta una nueva altura aún más inaccesible. Se requerirá aún más esfuerzo para superarla. Un hombre respira profundamente y comienza su camino. Y ahora, respirando con dificultad y apenas capaz de mover sus piernas, llega a su meta, medio muerto pero aún orgulloso e inquebrantable. Y luego, sus piernas finalmente tiemblan, de ira e impotencia cae de rodillas en desesperación, frente a él hay otra montaña, aún más grande que la anterior. Y así sucesivamente hacia el infinito. Este fenómeno se llama "efecto montaña", cuando la victoria lograda es en realidad solo una ilusión fantasma. Marik tenía una sensación similar sobre aprender inglés. Cuanto más éxito pensaba que había logrado, más difícil se volvían los obstáculos en su camino.

En casa, especialmente cuando ocurría alguna enfermedad, Marik a menudo se sentía inseguro e incluso de alguna manera solitario, ¡y eso a pesar de tener numerosos, pero, lamentablemente, no poderosos parientes! El miedo a un resultado letal, que no podía ser prevenido por los especialistas locales (por alguna razón estaba tan convencido), no le daba ninguna paz. En América, en un mundo completamente extranjero, por primera vez se sintió seguro. Marik confiaba en los médicos estadounidenses, no tanto en su habilidad como en su conciencia. No tenía miedo de un seguro médico costoso, al contrario, el alto costo era una garantía de un tratamiento de calidad. Fue por terapias de alta calidad que algunos canadienses prefirieron recibir tratamiento en los Estados Unidos. Después de todo, en su país de origen, donde toda la población tenía un seguro médico gubernamental, se podía esperar meses para cualquier procedimiento, incluso el más sencillo.

Quizás lo único que le faltaba a Marik en Nueva York era una calle común, tranquila y cómoda como la calle Baku, con sus fachadas antiguas, su peculiar desaliño oriental y la oportunidad de conversar casualmente con los transeúntes. En Nueva York, esto era algo irreal, al borde de la fantasía. La multitudinaria corriente de personas habría arrastrado a los conversadores a diferentes partes de la ciudad. No existía esa cultura callejera empapada de Bakú. Una calle de Nueva York era solo una especie de autopista por la que había que avanzar claramente en la dirección correcta. En Bakú, la calle era un lugar de encuentro y conversación tranquila.

Sin duda, el destino de los migrantes es difícil y a menudo se convierte en un trauma mental e inseguridad social... ¡Pero el sacrificio de los padres es más que compensado por sus hijos!

Marik entendía que nunca dominaría el inglés como su lengua materna y no sería capaz de integrarse completamente en el ambiente estadounidense, pero estaba seguro de que su hijo Joseph lo lograría.

Capítulo 5

A las ocho de la noche, hora de Bakú, el avión con Joseph a bordo aterrizó en el Aeropuerto Internacional Binah. Un hombre vestido con uniforme de guardia fronterizo entró en la sección de negocios y dijo su nombre en voz alta. Los dos bajaron las escaleras y se dirigieron al edificio del aeropuerto. El guardia fronterizo escoltó a Joseph a la zona VIP, donde fue recibido por un representante de una empresa estadounidense y los ejecutivos locales. Juntos caminaron por el pasillo a través de la gran sala hasta el exterior.

Todo era nuevo para Joseph. Como un adolescente poco sofisticado, había dejado Bakú hace muchos años a través del antiguo edificio y ahora estaba de vuelta en la ciudad, entrando en un aeropuerto moderno que cumplía con todos los estándares internacionales. Se subieron al Mercedes-Benz y el automóvil los condujo por la carretera familiar hacia Bakú, brillando con sus luces en la distancia.

El invitado se hospedó en el antiguo hotel "Intourist". El hotel había sido completamente renovado y se convirtió en un hotel de cinco estrellas. Joseph, que había visto muchos hoteles, se sorprendió gratamente por el lujo del interior. "¡Guau!", pensó, "¡esto es Bakú!" Lo dejaron descansar y le dijeron que un automóvil llegaría a las diez de la mañana del día siguiente. Después de ducharse, Joseph bebió un poco más de whisky y se fue a dormir.

Al día siguiente tuvo varias reuniones de negocios y por la noche, alrededor de las seis, condujo hasta la casa donde nació y... y se quedó asombrado. Este edificio no tenía nada en común con el de su memoria. Anteriormente negro por años de hollín y polvo, la fachada había sido blanqueada y brillaba al sol. El primer piso había cambiado más allá del reconocimiento. Las ventanas y las persianas habían sido reemplazadas por vitrinas oscurecidas que llegaban hasta el suelo. Aquí estaba la oficina de alguna empresa. El letrero estaba escrito en azerí en letras latinas. Joseph recordó que anteriormente en Azerbaiyán se usaban letras cirílicas.

Las puertas de hierro habían desaparecido en algún lugar. El arco que conducía al patio estaba perfectamente limpio, y nuevas latas de basura verdes con tapas estaban ordenadamente debajo del toldo. Los residentes tiraban su basura en bolsas de celofán especiales. Todo esto dejó una impresión agradable.

Joseph entró al patio. Le pareció inesperadamente pequeño, aunque para los niños de esa época era tan grande que era posible perderse en él. También estaba limpio y no había ropa tendida colgando de una cuerda. Y lo más importante, era inusualmente tranquilo.

El hombre se quedó allí por un momento confundido. Luego decidió mirar dentro del apartamento de Rafik en el segundo piso.

Subió las escaleras y tocó el timbre. Un niño de unos doce años abrió la puerta.

- ¿A quién buscas?

- Realmente estoy aquí para ver a Rafik ...

- ¿Rafik? ¿Rafik quién? No hay ningún Rafik.

- Rafik Askerov. De todos modos, solía vivir aquí.

- Ah ... espera. ¡Mamá, mamá! - gritó el niño y desapareció.

- Después de un tiempo, apareció una mujer alta y gorda en bata de casa.

- ¿Qué pasa? ¿A quién buscas?

- La familia Askerov solía vivir aquí ...

- Ah, sí, claro ... Pero se mudaron hace mucho tiempo, unos diez o doce años atrás.

- Lo siento por molestar, pero ¿sabe a dónde fueron?

- Sabes, todavía tengo su dirección en algún lugar ... Veré si puedo encontrarla. Ven y siéntate. - Y señaló una silla en el pasillo frente a un gran espejo.

Joseph no reconoció este pasillo. Los nuevos inquilinos habían hecho una renovación completa.

La mujer regresó cinco minutos después.

- ¿Puedes creerlo, lo encontré! Qué sorpresa. Por lo general, nunca puedes encontrar lo que necesitas de inmediato. Pero aquí lo tienes. La dirección estaba en mi libreta de direcciones. Aquí, ya lo he escrito para ti. Mira eso. - Seguía maravillándose.

- Muchas gracias - dijo Joseph mientras se levantaba de su silla.

- ¿Y cómo los conoces? No pareces ser de aquí - la señora estaba interesada.

- Vine desde Moscú - por alguna razón, Joseph mintió - Rafik y yo somos amigos. ¿Quizás conoces a una mujer llamada Valya y su hijo Volodya? Vivían en el tercer piso.

- No, nunca he oído hablar de ellos antes. No creo que haya personas así en nuestro vecindario. Pero la tía Dusya vive en el primer piso. Es de los antiguos residentes. Pregúntale, ella lo sabe todo y recuerda a todos, a pesar de su avanzada edad.

- ¿Tía Dusya todavía está viva? - Joseph estalló involuntariamente.

- Oh, ¿la conoces? - La mujer sonrió curiosa, mirando al invitado.

- Sí, la vi cuando visité a Rafik - el hombre estaba incómodo.

-Después de despedirse, Joseph salió al patio y se acercó al apartamento de la tía Dusya. Incluso su puerta, paredes y ventanas fueron reparadas y cubiertas con pintura fresca. Nadie respondió al timbre. Aparentemente, la mujer no estaba en casa.

Cuando Joseph salió afuera, decidió ir inmediatamente a la nueva dirección de Rafik. Detuvo un "Zhiguli" modelo sexto que pasaba.

- ¿A dónde debo ir, jefe? - preguntó el joven.

Le mostró un papel con una dirección. El joven asintió al leerlo.

- No eres local, ¿verdad? - preguntó en el auto.

- Sí, de Moscú - decidió mentir Joseph de nuevo.

- ¿Por cuánto tiempo?

- Un par de días.

- ¿Cómo está Moscú?

- Depende - respondió evasivamente. Todos sus pensamientos giraban en torno a la próxima reunión.

Bakú decepcionó a Joseph. La ciudad se convirtió en un hormiguero humano, lo que es típico de los asentamientos del este. La extrema acumulación de personas hacía que todo fuera caótico. La calma y la medida habían desaparecido; todos los signos de una megalópolis bulliciosa y neurótica eran evidentes. A pesar de la rápida construcción de "cajas" de varios pisos, lejos de la arquitectura oriental, Bakú ha conservado y aumentado la atmósfera oriental. Aunque, quizás, tal sensación surgió en Joseph debido a la apariencia de la mayoría de los residentes locales y las calles llenas de bazares, que dividían a la población en compradores y vendedores. Como sabemos, el comercio siempre había sido de suma importancia en el este. Pero después de la religión, por supuesto.

Veinticinco minutos después, Joseph estaba parado frente a un edificio panelado de nueve pisos en el cuarto microdistrito. Entrando en el polvoriento vestíbulo, subió las escaleras rotas hasta el tercer piso y tocó el timbre del apartamento número catorce. Una voz de anciana azerbaiyana en la puerta preguntó:

- ¿Quién está ahí?

- Este es Joseph Bronstein. Éramos vecinos en el antiguo patio. Rafik y yo éramos amigos.

Hubo silencio por un momento, luego la puerta se abrió lentamente. Una mujer encorvada y de cabello gris se paró frente a Joseph, en quien apenas podía reconocer a la anteriormente joven y bonita Maryam-Khanum, la madre de Rafik.

- "¡Esto es lo que el tiempo le hace a la gente!" - Joseph jadeó en shock.

- ¿Joseph? - repitió la mujer en voz baja. - ¿El mismo Joseph cuya familia se fue a Israel?

- Sí, así es, soy yo. Pero no a Israel, a los Estados Unidos. La mujer, vacilando, retrocedió, haciendo un gesto para que el invitado entrara.

- ¿Cuánto tiempo ha pasado? Te recuerdo como un niño.

- Alrededor de dieciocho años. Tenía catorce en ese momento.

- Sí, tú... tenías catorce años. Y mi Rafik tenía quince.

- ¿Cómo está él, dónde está ahora? - Joseph no podía soportarlo.

- ¿Así que no sabes nada? - Maryam-khanum se sentó lentamente en una silla y miró fijamente a los ojos de Joseph. Las lágrimas colgaban en sus pestañas, y Joseph vio tal expresión de tristeza y sufrimiento que involuntariamente susurró:

- ¿Ha pasado algo, tía Maryam?

- Joseph, cariño, nuestro Rafik se ha ido, lo perdimos... Murió hace nueve años, dijo en voz baja, bajando la cabeza y cubriéndose la cara con las manos.

Las rodillas de Joseph flaquearon y se sentó en una silla cercana. Gotas de sudor frío aparecieron en su frente, que su mano derecha inconscientemente comenzó a limpiar.

- ¿Cómo... murió? - murmuró. - ¿Dónde?

- ¿No sabes nada? - Maryam-khanum repitió. - Sucedió durante la guerra, en Karabaj. Un año después de su muerte, mi esposo murió: mi corazón no lo aguantó. Asya y el niño se fueron a Armenia.

- ¿Asya? - preguntó Joseph de nuevo.

- Oh sí, tú tampoco lo sabes. Rafik y Asya se casaron.

- ¿Y qué hay de Armen?

- ¡Oh, Dios mío! ¡Armen también murió en la guerra!

En ese momento, Joseph saltó, se agarró la cabeza con ambas manos y, conteniéndose, gritó:

- "¡Oh Dios, para qué fue eso? ¿Por qué?!"

Maryam-hanum se levantó lentamente de su silla, se acercó a Joseph y lo abrazó. Permanecieron juntos así durante algún tiempo.

- La maldita guerra me lo ha quitado todo...

La anciana se acercó al retrato de su hijo colgado en la pared y lo miró durante mucho tiempo, acariciando el cabello rizado y la sonriente cara con la mano...

Después de un rato, Joseph rompió el silencio sin vergüenza:

- Tía Maryam... Es tarde. Tengo que irme.

Pero la madre angustiada no podía ver ni oír a nadie más que a Rafik, su precioso hijo. Allí está él frente a ella, sonriendo astutamente como siempre.

Seguramente, él va a pedirle algo...

Capítulo 6

Por la mañana, Rafik fue despertado por la fuerte voz del anunciador de la Televisión Central: "El camarada Mikhail Sergeyevich Gorbachev fue elegido como Secretario General del Partido Comunista de la Unión Soviética...".

Rafik tenía un terrible dolor de cabeza; ayer había bebido demasiado alcohol. El día anterior, él y Armen acompañaron a Volodya y su madre, que se mudaban a Rostov-on-Don para residencia permanente. La hermana de la tía Valya vivía allí y llevaba mucho tiempo invitando a sus familiares a su casa. Después del intercambio, consiguieron un apartamento de dos habitaciones en una casa de tres pisos. Fue triste despedirse de otro amigo, Joseph se había ido solo cuatro años antes... Y ahora Volodya también los dejaba. Quería ahogar su tristeza con mucho alcohol.

Era 1985, y nada presagiaba los eventos impredecibles del futuro cercano. Después de que Gorbachev llegó al poder, estableció un curso de aceleración y luego anunció una política de transparencia, y todo el país se sumergió en la lectura de información previamente inaccesible que había estado oculta del pueblo soviético durante décadas. El frenesí de lectura masiva duró hasta casi 1990. Después de rendir homenaje a los materiales impresos, la gente se dirigió a la televisión, y no sin razón. Las sesiones del Soviet Supremo de la Unión Soviética comenzaron a transmitirse en vivo. Para esa época fue un espectáculo grandioso sin precedentes en el mundo. La gente no podía creer sus oídos y ojos. Después de todo, el asombrado espectador, sin ofender a nadie, recibió un flujo completo de hechos previamente altamente secretos. ¡Fue verdaderamente mucho más interesante que leer libros y revistas! La gente instalaba televisores en su trabajo. Casi nadie quería ocuparse de sus tareas diarias: con la mandíbula y las orejas colgando, todos estaban mirando y escuchando los discursos rebeldes de los diputados populares. Los temas disidentes que antes el pueblo soviético había tenido miedo de discutir incluso en sus cocinas comenzaron a ser abordados oficialmente. La gente se sorprendió por las valientes declaraciones de politólogos, periodistas, escritores y diputados.

¿Dónde fue el miedo? ¿Alguien se dio cuenta entonces de que sin él sería imposible que funcionara correctamente el imperio llamado Unión Soviética? Pero el genio ya había salido de la botella. Solo podemos adivinar si este plan para el colapso del país tenía arquitectos brillantes, pero el futuro ha demostrado que la implementación de estos planes no cumplió en absoluto con las expectativas. Por supuesto, muchos se mantuvieron en el poder y se hicieron fabulosamente ricos. Pero es poco probable que otros hubieran aceptado participar en esta aventura si hubieran conocido de antemano los resultados.

Como de costumbre, a las ocho y media de la mañana, Rafik salió del edificio, encendió un cigarrillo y se dirigió hacia el arco del patio. Era un estudiante de quinto año en la Universidad de Construcción.

- ¡Hola, Rafik!

La hermana menor de Armen, Asya, estaba en el balcón del segundo piso y le saludó con la mano.

- ¡Oh, Asya, buenos días! ¿Cómo estás?

- Bien, ¿y tú?

- Estoy bien, también. ¿Vas a la universidad?

Asya estaba en su tercer año en el departamento de filología. Alta, con largos cabellos sueltos, grandes y hermosos ojos verdes y pestañas impresionantes, al joven realmente le gustaba. Pero fue en ese momento cuando Rafik sintió que no solo le gustaba Asya. Fue como si hubiera sido golpeado por una descarga eléctrica y se dio cuenta de que se había enamorado. El chico la miró y no pudo apartar los ojos de ella. Parecía haber notado algo sobre ella que no había visto antes. No podía explicar qué era. Así es como nace el amor...

Aparentemente, tenía todo un rango de sentimientos en su rostro.

- Rafik, ¿hay algo mal? ¿Estás bien? - Asya sonrió.

- Sí, claro, estoy bien, solo estaba inmerso en mis pensamientos... ¿No te ha pasado?

- ¡Por supuesto que sí! - Asya estuvo de acuerdo.

- Lo siento, pero tengo que irme. Te veo luego, ¿vale?

- Sí, ¡nos vemos! ¡Adiós! - Ella rió y le saludó con la mano.

Los dos se habían atraído mutuamente durante mucho tiempo, pero hoy Rafik perdió definitiva e irrevocablemente la cabeza.

A partir de ese momento, fue como si lo hubieran cambiado. Quería ver a Asya todo el tiempo y estar cerca de ella. Lo único que lo detenía era la vergüenza que sentía frente a Armen y sus padres. Podrían adivinar fácilmente sus sentimientos. Rafik se encontraba con Armen todos los días, pero estaba distraído, a menudo absorto en sí mismo, retirado, y prestaba poca atención a lo que su amigo decía. Pero cada vez que hablaban de Asya, el chico cambiaba repentinamente y podía hablar y hacer preguntas sobre ella sin fin. Armen solo sacudía la cabeza y sonreía sin que Rafik lo notara.

Pasaron casi seis meses así. Rafik se volvió absolutamente triste. Nunca se permitió acercarse a Asya. En el Cáucaso se creía que primero los jóvenes tenían que obtener el consentimiento de sus familiares y luego salir con la chica. Nadie sabe cuánto habría durado este sufrimiento si Armen no hubiera decidido tener una conversación franca un día. A solas con su amigo, él, tartamudeando y sonrojándose mucho, sacó un tema emocionante.

- Quiero hablar sobre Asya, dijo en un susurro por alguna razón, y luego miró hacia el suelo con los ojos bajos.

- ¿Sobre Asya? ¿Qué pasó? - Rafik también se ruborizó y exclamó sorprendido.

- No hay nada malo... Parece que ella está enamorada de ti.

- ¿De mí?! - El hombre fingió ser un tonto y exclamó. - ¿Cómo puedes saber eso?

- Ella me lo dijo ella misma.

- ¿Asya te lo dijo...? ¿Te lo dijo a ti...? - Rafik repitió como un eco y se quedó en silencio. Su rostro y cuello estaban cubiertos de manchas rojas.

- Lo siento por atreverme a decírtelo... Pero verás, ella parece estar sufriendo.

- ¿Ella está... sufriendo? Así que yo... - Y Rafik titubeó, sin saber cómo continuar.

Armen vino a ayudarlo.

- Mira, amigo, nos hemos conocido toda la vida. Y te trato como a mi propio hermano. Dime, ¿cómo te sientes acerca de Asya?

- Me gusta mucho Asya, pero yo...

- Te entiendo. Pero no te preocupes por nada. Haz lo que tu alma te diga que hagas. Y nuestra amistad no debe interferir en tu relación.

- ¿Nos estás dando tu bendición?

- Sí. Soy el hermano mayor, y por lo tanto tengo el derecho. Te quiero como a mi amigo más cercano y te respeto como hombre. ¡¿Con quién más querría estar relacionado que contigo?!

Así que Rafik recibió la luz verde, y los acontecimientos comenzaron a desarrollarse rápidamente.

El padre de Asya y Armen, Suren Sergeyevich, trabajaba en la oficina del fiscal de Bakú y era una persona respetada. Después de enterarse por su esposa de que su hija estaba saliendo con Rafik, murmuró emocionado:

- Creo que es demasiado pronto para que se case.

- ¡Suren, mi amor! Asya se gradúa de la universidad el próximo año. ¡Es el momento adecuado para casarse!

Una noche, la chica llegó tarde a casa. La luz estaba encendida en el despacho de Suren Sergeyevich. Se escuchó la voz de su padre detrás de la puerta:

- ¿Asya, eres tú?

- Sí, papá.

- Por favor, ven aquí.

- ¡Hola! Asya se acercó y lo besó en la mejilla.

- Hija, ¿sabes qué hora es?

- Son las doce y media. Papá, ya no soy una niña.

- ¿Y con quién estabas caminando?

Asya se ruborizó y dijo indecisa:

- Con Rafik.

- ¿Es algo serio?

- Sí, papá, es muy serio.

- Mi niña, ¿estás segura de tus sentimientos? ¿Estás segura de que serás feliz en la familia de Rafik? Después de todo, nosotros somos armenios y ellos son azerbaiyanos. Me refiero a hábitos, tradiciones, costumbres. ¿Cómo vivirán juntos? - Suren Sergeyevich miró fijamente a los hermosos ojos de su hija.

- Hija, ¡estoy seguro de que todo irá bien entre tú y Rafik! ¿De qué tradiciones y costumbres estás hablando? Nos conocemos desde hace años. Todos tenemos una mentalidad de Bakú, un círculo común de conocidos. Escuchamos la misma música, leemos los mismos libros. ¡Tenemos intereses comunes!

- Quizás tengas razón, hija mía... Rafik es un buen chico, también me cae bien.

Después de esta conversación, los padres de Rafik, un coronel militar retirado y su madre, quien era ama de casa, fueron a la casa de Asya para pedirle que se casara con Rafik. Los invitados se sentaron en una mesa puesta. Suren Sergeyevich instruyó que se sirviera té dulce. Según la costumbre, los padres de la novia sirvieron esta bebida como señal de su consentimiento para el compromiso.

- ¡Arif-muallim, amigo mío! Somos paisanos, naciste en Shusha y yo nací en Stepanakert. Ambos crecimos en la hermosa tierra de Karabaj. Y ahora vamos a ser parientes. ¡Que Dios bendiga a nuestros hijos!

Pronto tuvieron una maravillosa boda. La joven pareja tuvo unas vacaciones en el río Danubio. Era su luna de miel. Era 1987.

Los recién casados obtuvieron un apartamento de dos habitaciones. Un año después tuvieron una hermosa hija llamada Aida. Arif-muallim estaba más feliz por su nieta que nadie más. Ya se había retirado y podía pasar mucho tiempo con su dulzura. El abuelo Arif malcriaba a Aida todo lo que podía.

Una tarde, Rafik llegó a casa del trabajo. Asya ya estaba en casa.

Ella se acercó a su esposo y lo abrazó.

- ¡Te quiero tanto! - Dijo la chica susurrando, apoyando su cabeza en su pecho.

- Y yo te quiero, mi vida - respondió Rafik, sonriendo y abrazando a su esposa.

- Me siento tan bien que incluso me da miedo... Siento como si estuviera soñando. Y si despierto, todo habrá desaparecido... - Estos sentimientos extraños le trajeron lágrimas a los ojos.

- ¿Qué estás diciendo, mi amor? Estamos bien. ¡Y va a ser aún mejor!

- Oh, Rafi k, no quiero algo mejor... Que todo sea como ahora.

- ¿Lo prometes?

- Por supuesto, mi querida, lo prometo...

1988 fue un año fatal no solo para Azerbaiyán, sino también para toda la Unión Soviética. Se puede considerar como el comienzo del fin del enorme país.

Bastante inesperadamente para todos sus familiares, Suren Sergeyevich fue promovido a la fiscalía de Moscú y ofreció a Rafi k y Asya mudarse a la capital junto con toda su familia. Pero Rafik rechazó planamente dejar su tierra natal y a sus familiares. Fue difícil para Asya separarse de sus padres, pero no insistió en la reubicación.

Capítulo 7

Un año después, el padre de Armen fue reasignado a Ereván y se mudaron a Armenia. Fue entonces cuando la conexión entre los amigos de la infancia finalmente se cortó. Los primeros enfrentamientos militares entre armenios y azerbaiyanos en la Región Autónoma de Nagorno-Karabaj comenzaron.

A Rafik se le dio la estricta orden de capturar la Altura X a cualquier costo. Detrás de ella había un punto estratégico, accesible por la única carretera defendida por los armenios fortificados en esa altura. El camino era claramente visible de día y de noche, y no había forma de tomarlo por asalto, incluso con la ayuda de grandes fuerzas militares. Se requería que Rafik destruyera el bastión enemigo para que las unidades militares principales pudieran llegar al objeto importante y capturarlo. Tomar el objetivo en una batalla abierta era imposible, Rafik era muy consciente de eso. La acción decisiva estaba llena de pérdidas de personal y de piezas de equipo. Así que decidió rodear el puesto y atacarlo desde la retaguardia, contando con el ataque inesperado. La maniobra requería atravesar una gran distancia.

La pendiente sur de la cumbre, desde donde la carretera era claramente visible, estaba desnuda y en pendiente, mientras que su parte norte permanecía relativamente empinada y cubierta de un bosque difícil de agarrar. Más cerca de la cima, la vegetación cedía paso a una densa hierba, que a su vez se convertía en rocas desnudas en la misma cima, donde estaba ubicado el puesto armenio para controlar los accesos.

Rafik planeó infiltrarse en el bosque bajo la cobertura de la noche, pasarlo y atacar el puesto desde la retaguardia. Según los cálculos preliminares, esto podría llevar unas diez horas de marcha rápida.

A las cinco de la mañana, una unidad móvil de doce personas se movió por la ruta planeada. Durante tres horas rodearon la altura y luego, girando bruscamente hacia el sur, comenzaron a subir por la empinada pendiente norte, adentrándose cada vez más en la espesura del bosque. Era cada vez más difícil caminar.

El teniente Rafik Askerov era un hombre valiente y se había demostrado un comandante astuto e inventivo en quien se podía confiar para operaciones difíciles. Siempre intentaba salvar a su gente de una muerte inútil, por lo que no actuaba precipitadamente, sino juiciosa y reflexivamente. Por supuesto, si estaba dentro de su competencia. Las órdenes de sus superiores, sean las que sean, debían seguirse sin discusión.

Esta vez fue Rafik quien tuvo que averiguar los detalles de la operación. El plan que desarrolló minimizó el riesgo para el personal de la unidad y parecía el más realista.

En mitad del camino, el comandante decidió hacer una pausa para dar a los soldados de diez a quince minutos de descanso. Rafik se tumbó en el suelo, cerró los ojos y se relajó. Sus pensamientos lo llevaron de inmediato lejos, a Bakú... Recordó cómo él y Armen acompañaron a Volodya a Rostov-on-Don. Cuando todos los invitados se fueron, los chicos se quedaron solos en una habitación. Se abrazaron y prometieron no olvidarse nunca el uno al otro y hacer todo lo posible para ayudar a su amigo en caso de que uno de ellos tuviera problemas. Armen se fue después de Volodya... Entonces comenzó la guerra de Karabaj, y Rafik se ofreció como voluntario para la guerra...

De repente, la música del bosque se interrumpió por una ráfaga automática, y uno de los miembros del equipo gritó de dolor. Rodó por el suelo y se acurrucó en el árbol más cercano, quedando inmóvil. Rafik ordenó que se tumbaran en el suelo y se prepararan para luchar. El equipo fue atacado desde tres puntos de fuego. Rafik vio a sus combatientes levantar los brazos, soltando sus armas.

El grupo de Rafik se encontró con una unidad armenia que iba camino del bloqueo de carreteras para reforzarlo con mano de obra. Los armenios detectaron al enemigo primero. Se desató una feroz batalla. La única cobertura que tenían era en los árboles. Los armenios tenían la ventaja de estar en la cima, mientras que Rafik y sus soldados estaban en la parte inferior. La pendiente era empinada, y disparar hacia atrás y moverse hacia atrás al mismo tiempo era difícil.

La batalla comenzó de repente pero también terminó de repente. El bosque cayó en silencio, y por primera vez, Rafik pudo mirar alrededor. Los cadáveres de los combatientes muertos de ambos lados yacían a su alrededor. Después de unos minutos, miró cautelosamente desde detrás de un árbol y corrió detrás de otro. Sin embargo, no pasó nada. Estaba tranquilo y pacífico, solo se oían los chirridos de los pájaros. Era el ruido habitual del bosque, al que uno se acostumbra rápidamente y lo percibe como un fondo insignificante. El crujido inesperado de una rama seca hizo que Rafik se tensara y disparara una ronda automática en la dirección de dónde venía el sonido. Después de un minuto, el silencio regresó, y Rafik se dio cuenta de que quien estaba escondido detrás de los árboles a veinte metros de distancia se había quedado sin municiones. Apareció un trozo de tela blanca detrás de un tronco. Parecía que el enemigo había decidido rendirse, y siguiendo la camisa blanca que había sido utilizada para dar la señal de rendición, el hombre mismo apareció.

Sosteniendo su rifle de asalto listo, Rafik miró con precaución desde detrás del cañón y vio que delante de él, con las manos en alto, estaba... Armen.

¿Eres tú... Rafik? - susurró él y sus piernas se debilitaron. Rafik se mantuvo en silencio, aún apuntando su arma al rojo vivo hacia Armen, y tampoco pudo hacer ningún sonido. Como si fueran piedras, se miraron el uno al otro y no sabían qué decir.

Un solo disparo rasgó el silencio del bosque. La bala golpeó a Rafik en la parte posterior de la cabeza y se tambaleó de rodillas y se derrumbó sin decir una palabra. Resultó que el soldado, que yacía no muy lejos de donde estaba el comandante, había despertado de su inconsciencia y disparó al enemigo. Armen pensó que gritó, pero todo lo que salió de su garganta fue un débil graznido. En dos saltos se encontró junto al tirador, le quitó el arma de las manos y disparó todo el cargador al asesino de su amigo.

Arrojando el arma lejos, Armen corrió hacia su amigo, se inclinó sobre él y cuidadosamente levantó su cabeza. Rafik ya no respiraba. Su rostro, contorsionado por el dolor, quedó marcado para siempre por la confusión y el shock. Abrazando el cuerpo sin vida de su amigo, Armen lloró amargamente.

Cuando pasó la primera ola de dolor y Armen recuperó su capacidad de pensar, se dio cuenta de que no sabía qué hacer. Pero no podía dejar el cuerpo de Rafik tirado en el suelo. Mirando a su alrededor, el chico vio que la noche había envuelto por completo el bosque. Se podían ver las cordilleras a lo lejos, y había una oscuridad intimidante en la noche. De repente, la imagen de la tía Maryam, la madre de Rafik, apareció ante los ojos de Armen. Ella lo estaba mirando con tanta esperanza, con tanta súplica en sus ojos... El chico apretó los ojos y sacudió la cabeza, tratando de deshacerse de la visión que le quemaba el corazón.

"¿Qué debo hacer?" - pensó febrilmente.

Finalmente, se tomó una decisión. Levantó el cuerpo sobre sus hombros y con precaución se dirigió hacia las unidades avanzadas del ejército azerbaiyano. Al menos, pensó que estaban allí. Armen había estado caminando durante unas tres horas. Estaba muy cansado y, exhausto, apenas podía arrastrar los pies. Finalmente, decidió descansar. Colocando cuidadosamente el cuerpo de Rafik sobre la hierba, se sentó a su lado, envolviendo sus brazos alrededor de su cabeza. Los pensamientos giraban en su cabeza...

¿Fue realmente necesario el fallecimiento de Rafik para comprender el horror que los seres humanos se infligen unos a otros...? ¿Por qué es tan difícil entender para qué vivimos? Hace cinco minutos estaba disparando contra los odiados azerbaiyanos, y ahora está sentado llorando sobre el cuerpo de un compatriota azerbaiyano. Los seres humanos son monstruosos ángeles y crueles mártires en una sola persona, y después de lo que ha pasado, ya no podrá volver a tomar un arma. La gente llora, siente compasión y amor, para luego matar y odiar. ¿Cómo es posible combinar aspiraciones personales con un sentido de patriotismo, amor por la patria y afiliación nacional? ¿Cuántas actitudes sociales prevalecen sobre la pobre conciencia humana, cuán graves son los desafíos que debe soportar su solitario ser? Para resistir la influencia del exterior, se necesita tener una base interna, carácter, dignidad y principios; de lo contrario, todo lo que Armen está haciendo ahora no tendría explicación ni significado. Sinceramente, en ese momento ni siquiera pensaba en los motivos detrás de sus acciones; los sentimientos que tenía por Rafik le dijeron qué hacer. Es esta verdad de la vida la que puede fundirse en la experiencia y moralidad humana, y que ningún gobierno, poder, ideología ni burócratas pueden imponer. Una identidad compartida, afiliación a la misma tribu y pasado unen a las personas en un solo grupo étnico, formando el concepto de "pueblo". Una persona está orgullosa de su afiliación a esta comunidad, se educa con la conciencia de que ser parte de una tribu impone una gran responsabilidad sobre él. Estas personas tienen un alto nivel de dignidad nacional; otras, por otro lado, son débiles de espíritu y carentes de principios. Todos somos diferentes, y todo está demasiado enredado en este mundo loco... Pero siempre, incluso en la más dura agitación de la vida, debemos recordar que los sentimientos personales son más importantes que las actitudes sociales, especialmente aquellas que dividen a las personas a lo largo de líneas nacionales. Esto es lo que se llama amor por las personas cercanas. Pero no a alguna persona abstracta, como Cristo y sus seguidores insistieron en vano durante dos mil años, sino a una persona real de carne y hueso cercana. Esto es lo que realmente dará sentido a cada alma viviente.

Guiado por este sentimiento personal, Armen avanzó hacia lo desconocido y el peligro que lo esperaba en cada esquina.

Finalmente, un tenue resplandor de luz parpadeó adelante. Era la línea del frente, los controles del ejército azerbaiyano. Después de una hora de caminata, Armen se detuvo: no solo era peligroso, sino imprudente seguir adelante.

Colocó el cuerpo de Rafik en una colina abierta y encendió una pequeña fogata debajo. Una brisa soplaba desde la montaña hacia el valle, llevando el humo en dirección a las unidades enemigas. Armen rompió el silencio de la noche en las montañas con un breve disparo al cielo estrellado. Fue un saludo de despedida en honor a un viejo amigo. El fuego se escuchó de ambos lados.

Colgando su arma sobre su hombro, el chico caminó rápidamente hacia arriba y pronto desapareció en la oscuridad. Una patrulla azerbaiyana, levantada por la alarma, comenzó a buscar en el área y pronto encontraron el cuerpo del comandante junto al fuego. Desde el exterior, podría haber parecido que Rafik simplemente estaba durmiendo, apoyado contra un árbol junto al crepitante fuego alegre, arrojando chispas alegres. Sus documentos estaban en el bolsillo de su uniforme. El cuerpo fue transportado al pueblo N, desde donde un helicóptero militar lo llevó a Bakú en un ataúd de zinc.

... Cada día llegaba el "cargamento 200" a la capital de Azerbaiyán. La televisión y los periódicos informaban sobre los combates a diario. La guerra continuaba, se derramaba sangre y los soldados - esposos, hijos, hermanos - eran asesinados. Y la siguiente familia en Bakú recibía una muerte odiosa.

La ciudad, mientras tanto, vivía su vida habitual: feliz, alegre, triste y llorando, como antes. Y solo al encontrarse con el siguiente lote de muertos, ellos, como una doncella roja, bajaban la cabeza con culpa y deseaban sobrevivir lo más pronto posible a estos desagradables pero inevitables minutos, para poder volver a sus preocupaciones diarias.

Esta atmósfera a medias, donde no había sentido de guerra ni convicción de paz, y una sensación de incertidumbre, hizo que algunos residentes de Bakú se enojasen. Era como si a la gente le faltara el coraje y la dignidad cívica para empatizar masivamente con aquellos en guerra, y ganar o morir.

Quizás estas son solo palabras grandes, y cuando intentas ponerlas en práctica, todo aparece de una manera diferente, pero un pequeño número de héroes voluntarios como Rafik nunca dudaron ni por un minuto de que tenían que defender su patria. Al mismo tiempo, sus padres podrían haber razonado de manera opuesta: ¿por qué deberían morir nuestros hijos si los hijos de los altos funcionarios y los ricos están exentos de este pesado deber?

Es difícil juzgar a estas personas... Pero esta actitud hacia su patria no honra a la gente común, mucho menos a las clases privilegiadas. Pero no hay mucho que podamos hacer al respecto. El honor y la dignidad cívica están ahí o no lo están. Quizás estas cosas se nutren, pero en ese momento, e incluso ahora, escasean desastrosamente...

...El padre de Armen sirvió en la oficina del fiscal militar en Armenia. Armen mismo trabajó en el Ministerio de Construcción. El espíritu patriótico de este joven era tan grande que estaba ansioso por ir a la guerra como voluntario. En contra de la opinión de su padre, se alistó como teniente senior y comandó una sección de reconocimiento. Durante seis meses, el joven vio todos los horrores de la guerra: sangre, tormentos, cadáveres de ancianos, mujeres y niños. Armen sintió que algo había cambiado en él, que lo desgarraba en su alma... Pero no podía explicarlo con palabras. Todo lo que sabía era que ahora podía mirar la muerte con calma.

Pero ahora estaba temblando. No podía calmarse. Toda la noche caminó en pensamientos amargos. Las brillantes estrellas dispersas por el cielo iluminaban su camino. Cuando comenzó a amanecer, Armen, completamente exhausto, cayó en la hierba alta y embriagadora y se perdió en un sueño inquieto. Cuando se despertó, el sol ya estaba alto en el cielo. Los cálidos rayos acariciaban su rostro, tratando de despertarlo. Era cerca del mediodía, y había una maravillosa tranquilidad a su alrededor. Los pájaros cantaban, el sonido del viento, la belleza salvaje de Nagorno-Karabaj - todo esto engañaba como si no hubiera muerte cerca. El mundo parecía hermoso y tranquilo. Era difícil creer que aquí se estaba derramando sangre.

La decisión llegó de manera inesperada. Mirando cuidadosamente a su alrededor, Armen caminó por un sendero que llevaba a un valle con un arroyo serpenteante en el fondo. Claramente imaginó la absurdidad de esta carnicería interminable. El armenio X mata al azerbaiyano Y (o viceversa) por el territorio N, y parece natural para él y toda la humanidad. Pero tan pronto como un armenio en particular se enfrenta a un Rafik en particular en el campo de batalla, se convierte en una pesadilla incomprendible, la más monstruosa. ¡Esta situación es absurda y no puede justificar la realidad existente! Los armenios X y los azerbaiyanos Y que se están exterminando mutuamente podrían convertirse en amigos en un futuro cercano. De hecho, futuros amigos e incluso parientes se están mutilando y destruyendo entre sí en nombre de apropiarse del pedazo de tierra donde ya viven uno al lado del otro. ¡Inconcebible!

No, se dijo obstinadamente Armen, ¡lo que estamos haciendo es una locura! Seremos maldecidos, todos seremos maldecidos, ¡y no habrá felicidad en esta tierra para nadie!

Bajando al río, caminó por la orilla corriente arriba, pero lo detuvo un grito amenazador que sonó desde algún lugar arriba:

- ¡Alto!...

Al voltearse, Armen vio el cañón de una ametralladora apuntándole. Para calmar la situación, dijo hola en armenio. En respuesta, le dijeron que dejara su arma en el suelo, levantara las manos y retrocediera diez pasos. Armen obedeció, pero no pudo evitar hacer una pregunta:

- Entonces, ¿ya no reconoces a tu gente?

- Ahora veremos quiénes son nuestra gente y quiénes no, dijo una voz sombría, y otra ametralladora apuntó en su dirección.

El primer soldado se acercó al detenido, lo registró y, al no encontrar nada sospechoso, lo escoltó a un pueblo cercano. Allí se encontraba un puesto avanzado armenio. Armen contó cómo su unidad fue atacada y que él, como único sobreviviente, se escondió en el bosque. Cuando le preguntaron cómo terminó allí, Armen no pudo dar una respuesta coherente. Después del interrogatorio, fue llevado a una celda de castigo que consistía en una habitación de madera con una puerta de hierro y barras en la ventana. El suelo estaba lleno de un olor a podrido.

Por razones de secreto, el escuadrón de Armen estaba vestido con ropa protectora, sin insignias militares distintivas ni documentos. Solo conocían la contraseña, que era su clave para todos los puntos de control.

Unas horas después, el comandante de la unidad se comunicó con el cuartel general y recibió la confirmación de la existencia de Armen

Djangirov, el líder del escuadrón. Se decidió enviar al detenido al centro del distrito donde se encontraba la sede de la división para aclarar los detalles. Armen y dos convoyes fueron metidos en la parte trasera de un viejo camión. Fue un viaje de tres horas.

El coche subía con dificultad por una carretera serpenteante en la colina. De repente, el motor retumbó y se detuvo.

- "¿Qué pasó?", gritó el convoy.

- "Oh, el viejo coche está humeando! Necesitamos agua para el radiador".

El conductor hábilmente cogió un cubo y se adentró en el bosque en busca de un arroyo.

Armen y su convoy bajaron del coche para estirar las piernas, rígidas por estar sentados por mucho tiempo. El convoy más antiguo abrió la puerta de la cabina, encendió un cigarrillo y preguntó en voz alta a Armen de dónde era. Cuando se enteró de que era de Bakú, miró significativamente a su compañero, porque se sabía que casi todos los refugiados armenios de Bakú habían emigrado a Rusia u otros países. Armen explicó que no era un refugiado y que había abandonado la ciudad antes de que comenzaran los tristes eventos.

- "Dinos honestamente, ¿cómo acabaste en un lado completamente diferente de tu unidad militar?".

- "Me conmocioné después de la batalla y cuando me recuperé, temporalmente perdí mi sentido de la orientación y caminé al azar", respondió Armen.

El convoy lo miró con duda.

- "¡No hay salida, de todos modos te sacarán la verdad!", advirtió con indiferencia Armen.

En ese momento, una unidad de reconocimiento de azerbaiyanos encontró a un hombre caminando con un cubo de agua. Lo siguieron y vieron cómo se acercaba lentamente al coche, abría el capó y comenzaba a verter agua en el radiador. Hubo una ráfaga de disparos. El convoy que estaba cerca cayó al suelo herido por las balas. El otro convoy, con los ojos desquiciados, disparó salvajemente hacia el bosque. Una ráfaga de disparos de retorno lo derribó y cayó de bruces.

La puerta del camión se cerró de golpe. Era el conductor que intentaba arrancar el coche. Armen, por reflejo, se volvió hacia la parte trasera del camión y extendió la mano, tratando de agarrar el costado, pero sintió inmediatamente un dolor ardiente en la espalda y en la zona del corazón. Dio unos pasos hacia adelante, arrojó involuntariamente los brazos hacia atrás, y cayó de espaldas al suelo.

El camión fue acribillado a balazos y estalló en llamas junto con el conductor...

El cuerpo de Armen nunca fue encontrado. Fue considerado como desaparecido. Sus padres no perdieron la esperanza de que su hijo hubiera regresado. Ellos creían que Armen un día aparecería en su puerta, abriría silenciosamente la puerta, se acercaría a su madre, la abrazaría y besaría su frente arrugada. Y su madre lo abrazaría con un corazón aliviado, y sus ojos se llenarían de lágrimas de felicidad, que rodarían involuntariamente por sus mejillas hundidas. Se sentarían así por mucho, mucho tiempo... Y entonces se escucharía la voz de su padre:

- Cariño, ¡déjame abrazar a nuestro hijo también! Y se abrazarían fuertemente, como hombres.

La guerra... Ese es el momento en que los padres sobreviven a sus hijos. ¡Maldición!

Capítulo 8

Después de dejar a la madre de Rafik, Joseph, impactado por todo lo que había oído, vagó sin rumbo por las calles durante una hora. Luego, recuperando el sentido, detuvo el coche y volvió a su hotel. No podía creer que sus dos amigos estuvieran muertos.

- "¿Cómo es posible...? ¿Por qué había sucedido esto?" - se preguntaba incesantemente.

Después del calor, el ruido, el bullicio y el polvo de las calles de la ciudad, su habitación se sentía inusualmente fresca y tranquila. En algún lugar sonaba una música suave y agradable.

Joseph se duchó. No tenía apetito. Se sirvió un whisky, se dejó caer pesadamente en un cómodo sillón y miró fijamente un punto. Permaneció en tal anabiosis durante bastante tiempo, hasta que una llamada telefónica lo hizo volver a la realidad. Había sido invitado a una cena de negocios por un huésped, pero amablemente declinó.

Eran las 9 de la noche en el reloj, y Joseph sintió que ya no podía quedarse en la habitación. Decidió caminar por el bulevar nocturno y salió lentamente a la promenade.

Cuando vio el letrero de un bar nocturno, un brillante resplandor de neón que invitaba a los visitantes nocturnos, decidió entrar. Al otro lado de la puerta había una gran sala, apenas iluminada. El jazz sonaba suavemente desde el techo. Varias personas estaban sentadas en el bar, y había cabinas individuales a lo largo del perímetro de la habitación, completas con muebles tapizados. La audiencia parecía muy respetable, y se escuchaba inglés en todas partes.

Joseph pidió un whisky con soda. No era especialmente aficionado al alcohol, y después del tercer trago, se sintió un poco nauseabundo. Cuando estaba a punto de irse, notó que se acercaban hombres al bar que habían pedido coñac y vodka. Joseph prestó atención al que estaba sentado más cerca de él.

- "Una cara tan familiar..." - pensó.

Tantos años habían pasado, y algunas características anteriormente conocidas se habían desvanecido en su memoria...

- "¿Podría ser Azad...?" - se dio cuenta de repente.

El hombre detrás del mostrador se parecía a un niño que alguna vez había vivido en la casa de al lado y a veces venía a jugar en su patio. Mirándolo fijamente, Joseph se sintió avergonzado: el vecino notó su intensa atención y giró la cabeza. Sus ojos se encontraron.

- "Disculpa, pero me recuerdas a alguien..." - dijo Joseph.

- "Sabes, tu cara también me resulta familiar. Pero no puedo decirte dónde te he visto antes", respondió el hombre.

- Te pareces a un viejo amigo mío llamado Azad, reveló Joseph.

- Así es, soy Azad -dijo el hombre, aún tratando de adivinar con quién estaba hablando.

- ¡Azad! ¡Soy Joseph del lado de al lado!

- ¿El mismo Joseph que solía ir a Israel? -exclamó.

- Bueno, sí, así es. Excepto que vivo en los Estados Unidos.

- ¡Oh, qué bueno verte! -Azad se levantó de su silla y se acercó al viejo conocido. Se abrazaron cálidamente.

- Joseph, ¿podemos hablarnos de tú a tú? El hombre asintió con la cabeza.

- ¡Mira, ni siquiera te reconocería! Has cambiado y te ves tan respetable. ¡Cien por ciento estadounidense!

- ¡No es cierto! Todavía soy el mismo Joseph. ¿Y cómo estás tú?

- Tengo... Oh, perdón... Este es mi amigo Oktay.

- Encantado de conocerte -Joseph estrechó la mano de Oktay.

- En cuanto a mí, soy profesor, doy conferencias sobre historia y ciencias políticas en la universidad -dijo Azad-. Joseph, lo siento, pero veo que no te sientes cómodo... ¿Hay algo mal?

- Hace dos días vine aquí en un viaje de negocios para la compañía para la que trabajo. Y hoy fui a visitar a la tía Maryam. ¿Recuerdas a la madre de Rafik?

- Sí, por supuesto. ¿Así que ya sabes sobre ello? -preguntó el hombre con cambio de cara.

- ¡Es horrible! Todavía no puedo creer que los chicos estén muertos.

- Fui al funeral de Rafik. ¿Sabes qué...? ¡Pidamos una bebida! Nos sentaremos en el cubículo, nadie nos molestará y hablaremos.

Se sentaron en cómodos sillones y hablaron sobre su infancia, pero Joseph no podía concentrarse. Pensamientos de sus amigos caídos seguían pasando por su mente.

- Oye, Azad, me fui de aquí cuando era adolescente. Los periódicos estadounidenses en ese momento informaban sobre el conflicto de Karabaj, pero siempre desde el punto de vista armenio. Ahora me doy cuenta de que no conocía en absoluto el lado azerbaiyano.

- Joseph, cuando hablamos de conflictos nacionales, que pueden incluir el conflicto de Karabaj, en primer lugar debemos tener en cuenta que hay varias razones objetivas para este conflicto. Podemos decir que en ese momento todo se juntó en un punto.

Como sabes, el mundo está gobernado por el poder, es decir, la fuerza. Puede ser demasiado o no suficiente, pero siempre está presente. A finales de los ochenta, el poder en la Unión Soviética se debilitó. Y un estado totalitario solo puede vivir según el principio de vasos comunicantes: si el poder se debilita en el centro, fluye hacia la periferia. Sintiendo un sentido de alivio, los nacionalistas levantaron sus cabezas -en este caso, en forma de separatismo- y lograron infectar a sus compatriotas con un sentido elevado de pseudo-nacionalismo de naturaleza enfermiza. El centro intentó controlar tales estallidos, utilizarlos a su favor y escribir escenarios políticos. Pero en ese momento, había una lucha por el poder en el propio centro. Y los procesos en el terreno comenzaron a profundizarse y adquirir un carácter autónomo, aunque se desarrollaban dentro del marco de los esquemas establecidos desde arriba. Esa es la primera cosa. Y en segundo lugar, como resultado de todo esto en la vida real, no en esquemas y planes, se derramó sangre, las personas sufrieron la pérdida de su propia tierra y hogares nativos, la muerte de seres queridos, el resentimiento y el odio. Una vez más, todo esto fue el resultado de astutos esquemas políticos y teorías desconectadas de la realidad. Lo más terrible aquí es la pena humana, y que los historiadores y politólogos trabajen en las circunstancias y las razones. Los juicios de los ciudadanos comunes se reflejan bien en una frase extendida: "¡Gorbachov es el culpable de todo! ¡Destruyó un país así!" Y nadie explica qué tipo de "país así" es. Dicen que es bien conocido.

- ¿Por qué los azerbaiyanos se mantuvieron callados? ¿Por qué, como los armenios, no defendieron su verdad, no anunciaron su propia versión de los eventos al mundo? -razonablemente observó Joseph.

- ¡Estás mirando la raíz! Los azerbaiyanos siempre han carecido de representantes talentosos que pudieran llevar su verdad al Occidente. Creo -quizás me equivoque- que los problemas de la desunión informativa también radican en el hecho de que los azerbaiyanos son percibidos como parte del mundo islámico. De hecho, lo son. Pero en 1988, incluso la población de Azerbaiyán no lo pensaba así.

- Recuerdo bien nuestra vida atea, -dijo Joseph pensativamente.

- Entonces, Azerbaiyán y la información que venía de la república eran percibidos por el Occidente a través del prisma de estereotipos sobre el mundo islámico. En consecuencia, el público occidental recibía a priori una imagen distorsionada de nuestro estado. Sin mencionar que cualquier voz, incluso el balbuceo de los niños, que defendiera a los azerbaiyanos, las autoridades de la república intentaban acallarla o tergiversarla para que a Moscú le gustara.

Los armenios, por su parte, como representantes del mundo cristiano, tenían guías muy poderosos, cuyas voces contundentes eran comprendidas en Occidente. Y esto sin tener en cuenta lo minuciosa y ampliamente que los nacionalistas y separatistas armenios se prepararon para este conflicto con la ayuda de la comunidad armenia mundial. De nuestro lado, la estupidez, el egoísmo y el miedo de las autoridades azerbaiyanas, la incapacidad para gobernar a su propia gente y la debilidad de espíritu de la mayoría de la población, han llevado a la situación en la que nos encontramos ahora. Verás, el honor y la dignidad de los azerbaiyanos han sufrido un golpe tangible. Y aún no podemos recuperarnos de eso. Eso es lo que debe entenderse y recordarse antes de analizar detalladamente el conflicto que tuvo lugar, concluyó su larga monólogo Azad.

Luego levantó su copa pensativo:

- Brindemos una vez más por Rafik y Armen, ¡para que sus almas se encuentren en el otro mundo y continúen su amistad interrumpida por la locura humana! En verdad, Cristo dijo: las personas no se dan cuenta de lo que hacen.

- Azad, los periódicos en lengua rusa en América siempre se refirieron a las masacres de Bakú y Sumgait contra los armenios como crueles e inhumanas en sus publicaciones sobre el conflicto de Karabaj. ¿Realmente era imposible hacerlo sin medidas tan extremas? Ni siquiera puedo creer que los azerbaiyanos sean capaces de lo que se informó.

Moscú y los guionistas de este conflicto sabían muy bien que no sería fácil quitarle Karabaj a los armenios y dárselo a los azerbaiyanos. Tenía que hacerse inteligentemente. Pero Moscú no pudo idear nada más inteligente que la guerra. Y la guerra se hizo inevitable.

- Cuando la confrontación entre Azerbaiyán y Armenia se convirtió en una fase caliente, los armenios en Azerbaiyán y los azerbaiyanos en Armenia se convirtieron en rehenes. Imagina los cuerpos de los soldados muertos llegando a Bakú y Ereván. ¿Qué deben sentir los parientes de estos desafortunados y cómo deben contenerse de la tentación de vengarse? Y esta venganza fue una carga pesada sobre los hombros de los vecinos más cercanos.

Los azerbaiyanos fueron tratados muy duramente. En enero de 1989, más de 230,000 de estas personas fueron expulsadas de sus hogares en Armenia. A diferencia de sus hermanos armenios en desgracia, los refugiados azerbaiyanos fueron obligados a dejar absolutamente todo: casas, propiedades, ganado, y viajar a pie hasta los límites del país. Como su exilio no fue espontáneo sino organizado, se llevó a cabo en dos semanas. Los niños, las mujeres y los ancianos caminaron a través de pasos de montaña cubiertos de nieve. Nadie contó a los que murieron congelados en el camino. El entonces Primer Secretario del Comité Central de Azerbaiyán, Vezirov, no permitió que los refugiados azerbaiyanos de Armenia se quedaran en la Región Autónoma de Nagorno-Karabaj, cuya población en ese momento era de 180,000, con 140,000 armenios y 40,000 azerbaiyanos. Si otros 230,000 azerbaiyanos se hubieran establecido allí, creo que las cosas podrían haber sido diferentes. Es por eso que todos los refugiados, toda la población rural de Armenia, fueron enviados a Bakú y Sumgait.

Otra prueba de que Moscú ya había decidido entregar Karabaj a los armenios.

¿Te imaginas que se permitió la entrada a las ciudades donde vivían cientos de miles de armenios a personas expulsadas de Armenia? Las autoridades solo tuvieron que arrojar una cerilla encendida en este tanque de gasolina, lo que no dejaron de hacer. Por cierto, el líder de los criminales que operaban en Sumgayit era un armenio local con tres condenas previas. Eso es.

- ¿Dónde estaba la policía, el ejército? - interrumpió Joseph.

- ¿El ejército? Esa es una buena pregunta. Mira, las masacres en Bakú duraron del 13 al 19 de enero de 1990. Los armenios fueron rescatados de los criminales por ciudadanos azerbaiyanos comunes, vecinos y conocidos. Y las autoridades simplemente organizaron la evacuación de los refugiados, a través de un ferry que corría entre Bakú y Krasnovodsk. Ni un solo soldado del Ejército Soviético salió de sus cuarteles ubicados directamente en la ciudad para establecer el orden. Simplemente no había órdenes.

- Azad, me di cuenta solo ahora de que ni siquiera le pregunté a Maryam-jan dónde fue enterrado Rafik...

- ¿Recuerdas el Parque Kirov?

- Por supuesto que sí.

- Bueno, la parte superior del Parque Nahorny, como se llama ahora, se convirtió en el Callejón del Entierro Honorable. Allí fueron enterrados nuestros soldados que murieron en Karabaj. El cuerpo de

Rafik también está enterrado allí. Si tienes tiempo, llámame mañana a este número. - Azad extendió su tarjeta de visita. - Iremos a visitar su tumba.

Hacía mucho tiempo que Joseph no bebía ni fumaba tanto. No se acostó hasta las tres de la mañana y apenas tocó la almohada cuando se durmió. El teléfono sonaba sin parar cuando el hombre luchaba por abrir los ojos y mirar su reloj. Las agujas marcaban las 10 de la mañana. Debía estar en la oficina a las nueve en punto. Joseph luchó por levantarse, pero un fuerte dolor de cabeza lo devolvió a la cama.

Agarrándose la cabeza, gemía suavemente recordando la noche anterior. El teléfono seguía sonando y no tenía más opción que responder. La llamada, por supuesto, era de la oficina. La voz estaba llena de insatisfacción. Joseph se disculpó y prometió estar allí en media hora. Una ducha fría y un café caliente y fuerte lo devolvieron rápidamente a la realidad. Excluyendo las ojeras bajo sus ojos y el molesto ruido en su cabeza, estaba casi bien.

Alrededor de las 4 de la tarde, liberado de sus deberes, Joseph llamó a Azad. Quedaron de encontrarse frente a la entrada principal del Parque Nagorny.

Había una alta estela de piedra al pie de la cual ardía una llama eterna. A la izquierda de la entrada había un minarete de estilo turco. Inicialmente, el parque llevaba el nombre de un colega de Joseph Stalin y el primer secretario del Comité Regional de Leningrado y del Comité del Partido de la Ciudad, Sergey Mironovich Kirov. Fue ejecutado en circunstancias poco claras antes de las elecciones para el cargo de Secretario General del Comité Central del PCUS, donde se estaba preparando para competir con Stalin.

Durante la era soviética, este lugar era uno de los lugares de descanso más populares, donde a los habitantes de Bakú de todas las edades y nacionalidades les encantaba relajarse. Los niños y adolescentes eran atraídos por las numerosas atracciones, las parejas enamoradas se acurrucaban en los acogedores bancos situados en un lugar apartado y los ancianos venían a comunicarse y respirar el aire fresco. El parque estaba literalmente enterrado en vegetación. Los árboles altos y masivos, las plantas exóticas y una variedad de flores desprendían un aire fragante.

El famoso restaurante "Druzhba" también estaba ubicado aquí, ofreciendo una vista panorámica de la capital. Bakú por la noche era una vista impresionante, extendida al pie del parque como un océano luminoso. Familias, amigos y visitantes de otras ciudades y países adoraban venir a este lugar. Encima del restaurante había una plataforma de observación especial, desde la cual se podía ver el Bulevar del Mar, una franja costera arqueada de cuatro kilómetros de largo bordeando la Bahía de Bakú desde la vista de pájaro. Un enorme monumento al revolucionario Kirov se alzaba en el centro de la plataforma de observación. Fue demolido en 1990.

Otra atracción local era el funicular, un ferrocarril que corría desde el pie hasta la cima de la terraza del mar, con acceso a la plataforma de observación. La gente, especialmente los niños, llenaba los hermosos autos descubiertos y disfrutaba del fascinante paseo. Después del comienzo de las hostilidades en Nagorno-Karabaj, decidieron enterrar a las personas que murieron en la guerra en el Parque Kirov. Así que el lugar gradualmente se convirtió en un cementerio conmemorativo, y en su entrada flameaba la llama eterna en memoria de los hijos caídos de la patria. En solo unos meses, miles y miles de tumbas llenaron la parte superior del parque.

Azad fue el primero en llegar al lugar de la reunión. Encontró un banco vacío, se sentó y encendió un cigarrillo. Sus pensamientos corrían tan rápido como podían, agitando imágenes de su infancia, juventud y años de estudiante.

- Lo siento por llegar un poco tarde, Azad -escuchó la voz de Joseph y le tendió la mano-. El tráfico es muy pesado, no se puede pasar rápido.

Completamente inmerso en sus propios pensamientos, el profesor no se dio cuenta de inmediato de lo que se le estaba diciendo.

- No hay problema, Joseph, vamos.

Entraron al parque, siguieron el camino sombreado y pronto una vista asombrada se abrió a su invitado, que lo sacudió hasta la médula. Innumerables lápidas del mismo tipo se elevaban en filas más allá del horizonte y desaparecían en la distancia.

- ¿Cuántos hay...? -susurró Joseph en shock.

Todas las tumbas estaban numeradas. La tumba de Rafik estaba numerada 1856. Su retrato había sido grabado en la lápida de mármol. Un rostro hermoso y voluntarioso miraba con cierta tristeza en su mirada. Joseph colocó un gran ramo de rosas escarlatas.

Los hombres permanecieron en silencio por un tiempo y fumaron un cigarrillo. Luego, caminaron lentamente de regreso. En la salida, Joseph se dio la vuelta y echó una mirada de despedida al cementerio.

Azad le dijo que los primeros enterrados en el parque fueron las víctimas de Enero Negro. La tumba número uno pertenecía a una joven pareja que se había casado el día anterior. La tumba número dos era la de una niña de doce años.

- Después de las masacres armenias y el éxodo armenio de Bakú, en la noche del 19 al 20 de enero de 1990, el Ejército soviético entró en la ciudad.

- ¿Qué tenía que ver esta invasión con las masacres? - preguntó Joseph.

Como comprenderá, el propósito de la invasión militar en Bakú no era en absoluto la salvación de los armenios. Los pogromos, diligentemente orquestados y organizados por el Comité de Seguridad del Estado de la URSS (KGB), ya habían sido detenidos en ese momento.

- No es difícil entender que el principal propósito de la entrada de tropas en Bakú no era en absoluto salvar a los armenios. Las autoridades querían evitar que las elecciones al Soviet Supremo de Azerbaiyán, programadas para febrero de 1990, se llevaran a cabo como en cualquier país normal. Estaba claro que la victoria de los partidarios de la independencia de Azerbaiyán estaba predeterminada y las autoridades centrales no querían aceptarla. La versión lituana de los eventos en nuestra república fue prevenida por una acción punitiva. La operación bajo el nombre en código "Strike" involucró a 20.000 militares del Ejército Soviético y tropas internas. Bajo el lema de establecer el orden constitucional, el gobierno de la Unión Soviética lanzó una masacre el 20 de enero de 1990 para evitar la secesión de Azerbaiyán de la URSS. Ciudadanos desarmados salieron a las calles y construyeron barricadas, protestando contra la introducción de fuerzas militares en Bakú. Pero, ¿cómo podían resistir tal fuerza?

Tanques soviéticos pasaron por toda la ciudad de Bakú, aplastando y disparando a ciudadanos soviéticos pacíficos, ancianos, mujeres y niños en su camino. Al final, incluso dispararon contra una ambulancia, matando al médico y al conductor. Por cierto, quizás conociste a este hombre. El nombre del médico era Boris Reznik. Era un buen tipo... Todos los que fueron asesinados esa horrible noche fueron enterrados en el Parque Kirov. Escucha, Joseph, te vas mañana... Sentémonos, hablemos, almorcemos. ¿Cuándo nos veremos de nuevo?

Así lo hicieron. Azad llevó a Joseph al campo, a un restaurante en el bosque. Mesas elegantes con cómodas sillas suaves, caminos cuidadosamente pavimentados y hermosas linternas en estilo Art Nouveau crearon un ambiente acogedor. Los corteses camareros con bandejas entregaban deliciosos platos, sin hacer esperar a los visitantes.

Se sentaron en un lugar sugerido, y Joseph y Azad pidieron bebidas, aperitivos y kebabs.

- ¡Cómo han cambiado las cosas aquí! - comentó una vez más el visitante estadounidense. - Tengo una sensación doble... Por un lado, todo es familiar, y por otro, todo es nuevo e desconocido.

- Sí, Joseph, durante estos dieciocho años ha sucedido de todo en esta tierra... Es un período corto de tiempo en términos históricos, ¡pero cuánto ha pasado! La gente ni siquiera ha tenido tiempo de darse cuenta todavía.

- Assad, ¿qué crees que debe hacerse para restaurar las relaciones entre Azerbaiyán y Armenia? No puede durar para siempre...

- ¿Por qué no? Los conflictos de este tipo pueden durar décadas. Creo que el problema de nuestros compatriotas radica en otro lugar. Los azerbaiyanos tienen que arreglárselas antes de hacer algo. De lo contrario... puedes ver por ti mismo qué problemas hemos causado en los años de tu ausencia.

Creo que la desgracia de nuestro pueblo, así como de algunos otros, es que han llegado hasta el día de hoy sin convertirse en una nación unida con el nivel adecuado de conciencia nacional. Es fácil para todos esos intelectuales y liberales en los países occidentales civilizados condenar el nacionalismo y predicar la globalización, la hermandad universal y la paz sin fronteras. Las naciones occidentales han pasado por esta etapa necesaria de desarrollo, que alcanzó su punto máximo con las revueltas fascistas. Fue un sentido desarrollado de la dignidad nacional lo que ayudó a estas naciones a llegar a donde están hoy.

Joseph estaba bastante distante del tema que había tocado Azad, así que luchó por entender lo que estaba diciendo.

Mientras tanto, el profesor continuó:

- Cuando una nación está resolviendo las cosas con otra, hay poca dependencia de la dignidad personal de cada ciudadano individual. En este caso, deberíamos hablar de un alto nivel de dignidad nacional, es decir, colectiva. El mismo hombre puede defenderse contra el ofensor de su esposa y al mismo tiempo abstenerse de defender su patria insultada.

No les cuesta a las naciones civilizadas del oeste cumplir deseos y recomendaciones a otras naciones para que abandonen las luchas interétnicas y vivan amistosamente como en una Europa unida. Ahora viven con ideas posnacionalistas y están ocupados formando varias alianzas políticas, financieras y económicas. Realmente, es ridículo que exijan a los países de la ex Unión Soviética y del tercer mundo que salten urgentemente la etapa de formación de la conciencia nacional. La dignidad étnica solo crece sobre la base de un buen nacionalismo. Y todos los problemas no radican en que alguien busque poder o se adueñe del territorio de alguien más, sino en el orgullo y autoafirmación colectivos. Esta es la verdadera fuente de las guerras, globales y locales, esta es la fuerza impulsora detrás de la apropiación del espacio territorial perteneciente a un vecino.

- Azad, no entiendo la conexión entre la dignidad nacional y los conflictos internacionales.

- La conexión es porque la dignidad nacional está tan cargada de todo tipo de vicios y virtudes humanas que no se puede discernir a simple vista. Es difícil entender de una sola vez la importancia fundamental de la autoconciencia nacional en la historia de las personas. Por ejemplo, ¿qué significa ofender a un ser humano? En primer lugar, significa degradar la dignidad de un ser humano. ¿Y qué significa quitarle la libertad a una persona? Humillar su dignidad civil. Es lo mismo con todo un pueblo. Puede ser humillado, insultado o deshonrado, y si una nación tiene un bajo nivel de conciencia nacional, lo tolerará, lo perderá, porque no puede ni querrá defenderse. Un ethnos con alta dignidad nacional, por el contrario, ganará y anhelará nuevos logros, porque cree que es digno.

- ¡Tienes una forma original de ver las cosas! Especialmente cuando estamos presenciando un evidente estallido de nacionalismo en todo el mundo.

- ¡Exactamente! Los países civilizados, que han entrado en la fase del posnacionalismo, no están contentos con el estallido de tensiones nacionales en los países atrasados. Por casualidad, este conflicto coincidió con el advenimiento del posindustrialismo y el desarrollo de la sociedad de la información, cuando el mundo se redujo al tamaño de una pequeña pantalla azul brillante. La globalización ha hecho su trabajo y cualquier lucha interétnica, incluso una menor, se vuelve pública y está llena de profundas consecuencias. No se puede hacer nada al respecto, ya que el desarrollo de la conciencia nacional no se puede contener. Es por eso que los países occidentales se sienten incómodos e inseguros en este mundo. Tienes que estar de acuerdo en que tienen algo que perder además de su orgullo nacional.

- ¿Así que resulta que incluso el progreso tecnológico está impulsado por el desarrollo del nacionalismo?

- ¡Por supuesto que sí! ¿No es obvia la conexión entre el nacionalismo y el éxito económico? Hay una correlación directa. Cuanto más sólida y cualitativa sea la conciencia nacional, mayor será el éxito económico. No creo que la dignidad nacional sea simplemente la suma de las ventajas personales de individuos de la misma etnia. Eso sería demasiado simple. Como ejemplo, puedes tomar cualquier país económicamente desarrollado cuyo nacionalismo esté más consolidado y sea de mayor calidad que el de Azerbaiyán. El nacionalismo es la base sobre la que se superponen todas las demás diferencias de una etnia. Por lo tanto, cada nación, si realmente quiere lograr algo, debe pasar por una fase de nacionalismo, como superar la varicela en la infancia. No es chovinismo, fascismo, comunismo o religión; es simplemente un sentido natural de dignidad.

- Bueno, estas ideas tienen mérito. Pero, ¿qué hacer si está mal expresado? ¿Qué debemos hacer ahora, dadas las realidades de la vida moderna?

- Creo que la dignidad nacional crece gradualmente; puede tomar décadas. No es solo un amor por la patria, por la tierra donde una persona nació y vive, porque estos sentimientos son inherentes a todas las naciones sin excepción. La conciencia nacional determina más bien la madurez de una nación, su cohesión, responsabilidad histórica y, eventualmente, la disposición a sacrificar conscientemente, no de forma afectiva. Después de todo, para lograr un alto nivel de autoconciencia, las personas deben atreverse a salir de su zona de confort, sacrificar su forma de vida habitual y a veces sus propias vidas y los destinos de sus seres queridos. Las emociones y los sentimientos son impotentes aquí, porque reflejan el deseo de seguir siendo víctima del cuerpo, los instintos y el anhelo de placer. Desafortunadamente, estamos en un aprieto de tiempo.

- Entonces, ¿qué están haciendo las autoridades azerbaiyanas para aliviar de alguna manera la difícil situación de cientos de miles de refugiados de las tierras ocupadas? ¿Les están ayudando a regresar a sus hogares?

No sorprendido por la ingenuidad de Joseph, Azad encogió los hombros:

- ¿Me estás preguntando sobre el poder? En sus acciones, estas estructuras llegan hasta donde el pueblo les permite. Mira, ahora el espíritu de Azerbaiyán está quebrado, la gente ha aceptado la situación. Si una sola persona pierde su dignidad, eso es la mitad del problema. ¡Pero cuando la mayoría la pierde, es una verdadera catástrofe! La gente está empezando a vivir día a día, tal como nuestro gobierno ha estado haciendo durante años. No son un gobierno completo, sino trabajadores temporales que ven su objetivo inmediato como obtener la parte más grande de la riqueza nacional. ¡Es aterrador que la gente misma se vuelva temporal en su propio país! La gente no piensa o no quiere pensar en sus hijos, que son el futuro. Y esto ya es esquizofrénico...

- Azad, ¿cuál es la situación actual del ejército?

- No soy competente en este asunto. Pero si se hacen conclusiones en base a los datos de los medios, hay muchos problemas en nuestras tropas. Creo que no están listos para la guerra. Además, enfatizo que necesitamos estructuras de poder bien desarrolladas no para atacar, sino para fortalecer nuestra autoridad en la mesa de negociaciones. ¿De qué sirve que otros estados conversen como iguales con un país que no puede defenderse a sí mismo?

- Azad, no estoy completamente impresionado por tu pesimismo. Si así es como piensa la élite intelectual, ¿qué queda para la gente común?

- La gente, nuestra pobre gente... Acabamos de hablar tanto sobre la dignidad nacional y la influencia externa. Pero hay otra contagión que nos impide vivir nuestras vidas al máximo. Y esa es, te reirás, ¡la corrupción!

Joseph realmente sonrió y levantó las manos:

- Bueno, es una enfermedad de toda la humanidad...

- Sí, tienes razón. Difícilmente podemos nombrar un solo vicio humano que esté completamente ausente en cualquier grupo étnico.

Todos nosotros, los humanos, somos iguales. Tenemos los mismos males sociales y morales. Y esto se sabe desde hace mucho tiempo. Pero no es de lo que estoy hablando aquí. Estoy hablando de la medida. Todo tiene su medida. ¿No estás de acuerdo?

- Sí, asintió.

- ¡Si la gente tiene suficiente dignidad nacional y fondos, eso es bueno! Pero si todas las estructuras sociales están enredadas en la corrupción, eso es malo. ¿Verdad?

- Por supuesto, es obvio.

- En la sociedad azerbaiyana actual, la corrupción ha perforado todas las estructuras de poder. Ha superado las barreras más inconcebibles. En el pasado, se conocía modestamente como soborno y se usaba cuando era necesario. Ahora se ha convertido en una necesidad vital, como despertarse por la mañana e ir al baño. Algo así. La corrupción está en todas partes: piden dinero, lo dan y a veces lo empujan con fuerza o amenazan con acoso. ¡Dos generaciones de médicos han crecido con sobornos! Y ahora está claro que la mayoría de nuestra población es atendida por médicos incompetentes que han comprado sus diplomas. Como estadounidense, ¿puedes imaginar la amenaza para la salud física de nuestra nación? Una red corrupta, como un pulpo, se ha enredado en las universidades de Azerbaiyán y ha descendido incluso al nivel secundario de educación, las escuelas. ¿Quién enseña a nuestros hijos? Maestros que obtuvieron sus diplomas por sobornos. ¿Cómo los enseñan? La respuesta es: sobornos. ¡Esto es castración étnica en su forma más pura!

Consternado por lo que había escuchado, Joseph no tenía nada que decirle a su viejo amigo y solo sacudía lentamente la cabeza. Estaba horrorizado por lo que había escuchado.

- ¿Qué crees que determinó el colapso de la Unión Soviética?

- Finalmente, decidió romper el doloroso silencio.

- Es difícil decir inequívocamente, dijo Azad. - Hay muchas razones, tanto externas como internas. Una es los eventos en Polonia que sacudieron los cimientos del campamento del Pacto de Varsovia. Luego comenzó la guerra de Afganistán, la herida que había estallado en el cuerpo del imperio soviético. En ese momento, el precio del petróleo bajó a $ 14 a $ 15 el barril. Luego vino la Reaganomics, con su carrera armamentística, la Iniciativa de Defensa Estratégica anunciada por Reagan, y así sucesivamente.

Pero el factor interno más importante fue la llegada al poder de Gorbachov y su equipo, así como la miserable situación económica del país. Después de ellos, Yeltsin puso todos los "puntos sobre las íes" y abolió la Unión Soviética. Todos tenemos aún que contemplar la Gran Década que sacudió al mundo. En este caso, me refiero al período de 1986 a 1996.

En mi opinión, el evento más fatal y misterioso de estos fue que todos convergieron en Azerbaiyán, o más bien, en Nagorno-Karabaj, que fue el detonador, el comienzo del fin del Imperio Soviético, de los Soviets. ¡Una pequeña región autónoma se convirtió en el epicentro de los cataclismos mundiales de finales del siglo XX!

Recuerda, por lo general, un fuerte terremoto es precedido por pequeños temblores que son una especie de advertencia sobre el inminente desastre. Los disturbios en Alma-Ata, seguidos de réplicas en Georgia, Fergana, Tayikistán, Chechenia y Moldavia fueron un caso de prueba. Cuando llegan los problemas, abre las puertas: los conflictos en Yugoslavia y Albania no tardaron en llegar. El imperio fue engullido por un anillo de fuego y la muerte tomó el control. La anciana huesuda hizo lo posible para burlarse del pueblo común. El olor a sangre y la sensación de muerte agudizaron los instintos más bajos. El mal absoluto triunfó y todas las buenas intenciones, si alguna parte del pueblo las tenía, se convirtieron en un doble desastre, ¡una tragedia aún mayor! En un corto período de tiempo, las ideas santas y hermosas y las acciones ideológicas desinteresadas y honestas fueron desacreditadas. Todas las obras de la humanidad se ahogaron en el hedor de la decadencia y las lágrimas de las madres...

- Sabes, Azad, yo veo el colapso de la Unión Soviética un poco diferente. Teniendo en cuenta la escala grandiosa del evento, que, naturalmente, no pudo hacerse sin víctimas y sufrimiento, todo sucedió de manera relativamente pacífica y con poco derramamiento de sangre. Compara: a lo largo de milenios, muchos imperios desaparecieron del planeta, matando a cientos de miles de personas. En el siglo XX, la gente experimentó terribles guerras y revoluciones que quizás se cobraron cientos de millones de vidas. Y el propio régimen soviético destruyó a decenas de millones de ciudadanos durante su breve siglo. Comparado con esa pesadilla, el derrumbe del coloso soviético fue relativamente pacífico.

- Estoy de acuerdo en que esto no es comparable en escala. Excepto que las muertes siempre siguen siendo muertes, no importa cuántas sean. No hace falta decir que el hecho mismo del colapso del aparentemente indestructible imperio, la caída del Muro de Berlín y la desmitificación del mito comunista, todo esto sorprendió y desorientó a los contemporáneos. En los terribles tiempos de la Gran Guerra Patria, al menos estaba claro: aquí estaba el enemigo, nos atacó y todos tenían el mismo objetivo: proteger la patria herida. Después de los acontecimientos de principios de los años 90, todavía hay caos en la mente de las personas. Algo incomprensible ha sucedido, algo que desafía la interpretación. Y toda la ira, todas las maldiciones cayeron sobre un hombre: Mijaíl Gorbachov. Estaba destinado a convertirse en el chivo expiatorio principal. Él es quien todavía es maldecido por los antiguos ciudadanos del país ya desaparecido.

- A propósito, nuestros emigrantes en América están de acuerdo con ellos. También creen que Gorbachov es el principal culpable de su partida y afirman que arruinó el hermoso país donde podías viajar a cualquier lugar por cuarenta o cincuenta rublos, donde el dinero era dinero, y la vida era vida real. ¿Puedes imaginar eso, Azad? ¡Oh, no puedes imaginar lo injustas que pueden ser las personas! - Joseph terminó indignado.

Azad solo sonrió y asintió.

- Mira, - después de una breve pausa, Joseph continuó, - ¿qué piensas sobre el renacimiento religioso en el mundo y en Azerbaiyán en particular? He notado que la gente está pensando seriamente en la fe y en Dios. Al menos esto es inesperado porque todos crecimos en una atmósfera de dura propaganda antirreligiosa.

- Sí, tienes razón. La gente está empezando a volver a sus raíces, de las que alguna vez fueron arrancados. En cuanto a mí, sabes que nací en el Islam. Pero mis simpatías personales están del lado de la ética protestante. No soy partidario de los rituales religiosos y el culto formal. Más bien, creo intuitivamente en un ser supremo, el Creador, y busco sentirlo en mí sin ninguna ayuda ni palabras. Considero que las estructuras religiosas son una extensión de las instancias políticas, económicas y sociales, que se crean en interés de ciertos grupos para controlar a las personas en nombre de Dios. Controlan las mentes y, lamentablemente, no sin éxito; tratan de dominar las almas. En cuanto a mí, creo que todos deberían medir sus palabras y acciones con el pensamiento de que Dios ve y oye todo. Creo que Dios es uno e indivisible, e imagino que es un cierto ser perfecto que es el principal arquitecto del universo. Estoy convencido de que cualquier disidencia religiosa es ajena a su voluntad.

Joseph se despidió de Azad y le pasó un sobre:

- Hay dinero en él. Por favor, dáselo a la tía Maryam, la madre de Rafik. Aquí están la dirección y el número de teléfono.

- No te preocupes, me encargaré de eso.

- No sé si nos veremos de nuevo... Y se abrazaron fuertemente.

A pesar de la hora tardía, Joseph fue de nuevo a su antiguo patio, esperando ver a la tía Dusya. Esta vez fue recibido por una pequeña y encorvada anciana seca. Solo en sus ojos entrecerrados aún brillaba la vida y la curiosidad. Hace dieciocho años ya había parecido muy vieja para Joseph, y ahora también era dura de oído, por lo que Joseph tuvo que casi gritar para explicar todo. Joseph se enteró de ella que Volodya y su madre se mudaron a Rostov-on-Don, y obtuvo la dirección, porque la tía Dusya inicialmente llevaba una pequeña correspondencia con la madre de Volodya. Luego se cortó la conexión, y ahora no había noticias.

José estaba determinado a encontrar a su amigo de la infancia. Después de todo lo que había experimentado en Bakú, simplemente necesitaba reunirse con alguien cercano y aliviar su alma.

Capítulo 9

A la mañana siguiente, habiendo completado sus deberes, Joseph voló desde Bakú a Rostov-on-Don y a las 2 p.m. ya estaba bajando del avión. Era como si estuviera en el pasado.

El edificio del aeropuerto provincial no había cambiado mucho desde la época soviética. Había la misma suciedad, la misma molestia intrusiva y pequeña que hacía la vida de un viajero insoportable. Algunos individuos sospechosos se movían de un lado a otro, examinando curiosamente a la persona bien vestida y claramente diferente de los que lo rodeaban. Joseph se sentía incómodo aquí. Puso su maleta en el depósito de equipajes y se detuvo indeciso, sin saber a dónde ir.

Un hombre de mediana edad le llamó, lo que lo hizo estremecer. Por un precio modesto, le ofrecieron un paseo hacia la ciudad.

- ¿De dónde eres? - preguntó el conductor, sintiendo que el hombre no estaba orientado espacialmente.

- De Moscú.

- ¿Estás aquí por negocios o con un chequeo?

- No, quiero visitar a un amigo.

- De Moscú... ¿Para visitar a un amigo? - preguntó el conductor incrédulo.

- Bueno, sí, hace mucho que no nos vemos.

- ¡Eso es bueno! La amistad no debe olvidarse.

El lugar que estaba en la dirección estaba lejos del centro de la ciudad. Era una calle verde con edificios antiguos de dos y tres pisos.

Joseph pagó generosamente al conductor, quien le agradeció hasta que el hombre desapareció en la entrada. Era oscuro y olía a humedad. Después de subir unos pocos escalones, Joseph se encontró en una escalera con dos puertas sin números.

- ¿Cuál? - susurró y golpeó al azar. Tampoco había timbre.

La puerta la abrió una anciana, y, entrecerrando los ojos en la oscuridad, preguntó:

- ¿A quién necesitas?

- Disculpe, pero estoy tratando de encontrar a Valentina Ivanovna Kovalyova.

- Kovalyova... ¿Quién eres?

- Soy un amigo de la infancia de su hijo, Vladimir. Vivíamos en el mismo patio en Bakú. Vine de lejos para verlos.

- ¿De dónde vienes?

- De América.

Los ojos entrecerrados de la anciana se abrieron momentáneamente y decidió abrir la puerta más ampliamente.

- Valya se fue... - dijo, deteniéndose.

- ¿Se fue? ¿A dónde? ¿Con Vladimir?

Entonces la anciana abrió completamente la puerta. Su rostro tenso de alguna manera se suavizó.

- ¿Cómo te llamas, querido? - preguntó de repente.

- Joseph.

- Joseph, repitió como un eco. - Es un nombre hermoso, - añadió por alguna razón. - Y yo soy Pelageya Nikolaevna. Entra, hijo, si quieres. Debes estar cansado después del viaje... Te diré algo. Una vez en el apartamento, Joseph inmediatamente olió cosas viejas y rancias. Por lo general, huele así en los apartamentos de la gente mayor y solitaria.

Pelageya Nikolaevna lo guió hacia la cocina, lo invitó a la mesa, puso un mantel fresco, colocó una azucarera y mermelada, cortó un trozo de pastel y preparó té. Luego, sentándose frente a Joseph, quien esperaba pacientemente que comenzara la conversación, ella preguntó:

- Joseph, dime, ¿cómo es la vida allá, en América?

- Depende, Pelageya Nikolaevna.

- ¿La gente está feliz con sus vidas o no? - insistió ella.

- Algunos están felices, otros no, volvió a responder evasivamente el invitado.

- Es lo mismo aquí... Algunas personas están satisfechas e incluso muy satisfechas, mientras que otras insultan a las autoridades. Para nosotros, los ancianos, la vida no fue feliz bajo todos los Secretarios, y aún no lo es. No hemos visto nada más que trabajo, y vivimos nuestra vejez en la pobreza. Así es. Sí, parece que es lo mismo en todas partes de la tierra, se consoló Pelageya Nikolayevna.

Joseph no la hizo cambiar de opinión.

- ¿Entonces qué querías decirme? - decidió recordarle el propósito de su visita.

- Oh, sí, ahora soy vieja, siempre me olvido... Valya se fue hace tres años para quedarse con su hermana menor en Novosibirsk. Su hermana mayor, Maria, murió aquí hace cinco años.

Después de una pausa, continuó pensativa:

- Sí, recuerdo a Volodya... Era un buen chico. Tan educado, tan agradable. Amaba mucho a su madre. Todos los vecinos lo respetaban. La gente en el trabajo también lo respetaba.

Joseph ya no pudo soportarlo y decidió interrumpirla:

- ¿Por qué hablas en pasado? ¿Por qué era un buen chico?

La anciana, bajando los ojos, aclaró su garganta:

- Ya no está vivo... Murió en Chechenia...

En ese momento, Joseph, quien nunca esperaba tal giro de los acontecimientos, comenzó a levantarse lentamente de su silla. Su rostro se puso blanco como un fantasma, y sus puños se cerraron en una ira impotente.

La anciana, bastante asustada, saltó hacia él y, poniendo su brazo alrededor de sus hombros, lloró:

- ¡Hijo! ¡Cariño! ¿Estás bien? Siéntate en el sofá, hijo, ven, está bien, siéntate, querido! - Lo bajó suavemente, lo sentó en el sofá y corrió a la cocina a buscar agua.

Joseph se sentó, dejó caer la cabeza sobre sus rodillas, se puso las manos alrededor de la cara y lloró amargamente.

La anciana incluso jadeó en shock. No había visto a un hombre inteligente, bien vestido y sobrio llorar durante mucho tiempo, así que estaba completamente confundida. Luego se acercó y comenzó a acariciar su hermoso cabello castaño claro y rizado.

Con esta mujer desconocida, Joseph se sintió completamente libre, como si estuviera solo. Incluso frente a sus padres, se habría avergonzado de mostrar tanta emoción intensa. Pero ahora, completamente despreocupado por cómo se veía desde el exterior, Joseph lloró como no había llorado en todos estos dieciocho años.

Después de un rato, se quedó en silencio, sintiendo como si una piedra hubiera sido removida de su corazón. Las lágrimas aliviaron su alma traumatizada, que había sido confrontada tan inesperadamente con la muerte de seres queridos. Sollozando ocasionalmente, no entendía cómo él, siempre tan restringido, había logrado perder tanto el control. Era como si estuviera lamentando no solo la muerte de sus únicos verdaderos amigos, sino la mayor parte de su vida de emigrante. Todas las tensiones acumuladas a lo largo de los años parecían desvanecerse. Se sintió abrumado por una emoción completamente nueva que nunca había experimentado antes.

Mientras recuperaba la capacidad de hablar, Joseph preguntó como si hablara con el vacío:

- ¿Qué me pasó?

- Todo está bien, todo está bien - dijo la anciana, sintiéndose también ligeramente incómoda y continuando acariciando la cabeza y la espalda del invitado.

- Por favor, discúlpeme... por mi estado...

- ¿De qué estás hablando, chico? ¿De qué estás hablando? Me alegra mucho que hayas venido a visitarme. He estado sola todo el día. ¡Al menos pude hablar con un ser humano!

Lo llevó al baño y le trajo una toalla limpia. Joseph se lavó la cara y volvió a sentarse en la mesa. Mientras tanto, Pelageya Nikolayevna sirvió té recién hecho.

- Joseph, sírvete, toma algo caliente, prueba la mermelada de cereza. La hice yo misma. Apuesto a que no hay una mermelada así en tu América. ¡Verás que te sentirás mejor! - no dejaba de hablar.

- Sí, Pelageya Nikolaevna, no venden mermelada tan buena como la suya allá.

- Bueno, disfrútala, querido.

Joseph estuvo con Pelageya Nikolaevna durante aproximadamente una hora. Antes de irse, preguntó de repente:

- Pelageya Nikolaevna, ¿hay una iglesia cerca?

- Por supuesto. ¿Quieres encender una vela por el alma de Volodya, quien fue asesinado? Es lo correcto, hijo, es una cosa divina. ¿Te has bautizado tú mismo?

- ¿Yo? - Joseph vaciló.

- Oh, solo estaba preguntando... - la casera se sintió avergonzada. - Todo estaba de cabeza para abajo antes... Y ahora tenemos un buen sacerdote. Padre Georgy. Es un hombre muy amable - te escucha y te calma, y te da consejos. ¡Dios lo bendiga! Bueno, lo conocerás lo suficientemente pronto. Por cierto, incluso yo, una mujer tonta, he notado que es un hombre muy sabio. Debería tener una parroquia en Moscú, no aquí en medio de la nada, ella menciono.

La iglesia a la que Joseph fue fue fundada en el siglo XIX. Con el establecimiento del poder soviético, se cerró y se convirtió en un almacén de herramientas. Primero, se confiscó toda la propiedad de la iglesia, y luego un día de invierno, cuando hacía un frío abrasador, varios vagones se acercaron al viejo edificio. Los asistentes reunieron al clero y, sin más explicaciones, los llevaron a todos a un destino desconocido. El renacimiento de la iglesia comenzó después de la "perestroika", y desde entonces, se ha llevado a cabo una adoración diaria según las normas completas de la iglesia ortodoxa.

Dentro reinaba la perfecta limpieza. Era evidente que el templo estaba meticulosamente mantenido y cuidado. Casi no había nadie presente, excepto algunas mujeres mayores rezando frente al altar.

Joseph fue al trabajador de la iglesia y compró tres velas. Luego fue al anochecer, las colocó en ranuras especiales y las encendió. No sabía qué hacer a continuación, así que miró confundido a su alrededor hasta que escuchó una voz masculina baja pero suave detrás de él que lo saludaba:

- ¡Me alegra ver a un nuevo feligrés en nuestro humilde claustro!

Se dio la vuelta y vio al sacerdote frente a él. Era un hombre de mediana edad con una sotana negra y una barba corta. Tenía un rostro ancho típico eslavo con pómulos prominentes, apenas sesgados y ojos azules profundamente hundidos. Acariciando su barba, el sacerdote miró al extraño con curiosidad.

- Buenas tardes.

- Soy el padre Georgy, el sacerdote de esta iglesia. Padre Georgy es Peter Sergeyevich Tverskoi.

- Encantado de conocerlo, Padre Georgy. Mi nombre es Joseph.

- Oh, es un famoso nombre del Antiguo Testamento. Y qué sentido tiene para un hombre de fe.

- Me siento halagado por tan alta alabanza. No lo había pensado antes.

- Tú, Joseph, no pareces alguien de aquí...

- Sí, estoy viajando aquí, y pronto me iré a Moscú.

- ¿De dónde eres?

- Vivo en América.

- Sí, de hecho, estás muy lejos. ¿Y qué haces aquí? Si no es un secreto...

- Vine a visitar a mi amigo de la infancia. Sí, supongo que no estaba destinado a ser...

- Joseph se detuvo a mitad de la frase.

- Perdóneme si lo molesto - dijo el sacerdote al ver cómo cambió el rostro de Joseph - ¿Algo le ha pasado?

- Sí, padre Georgy, un viejo amigo mío falleció.

- ¡Oh Dios, que su alma descanse en paz! - El sacerdote se santiguó - ¿Cómo sucedió?

- En Chechenia, respondió Joseph brevemente.

- ¿Sabes qué, joven? Has venido desde lejos, y si tienes algo de tiempo libre, te invito a compartir una modesta comida conmigo.

Joseph había reservado un boleto a Moscú, el vuelo estaba programado para las ocho de la noche, así que tenía algunas horas libres.

- Permíteme preguntarte, ¿alguna vez has visitado una iglesia ortodoxa antes? - preguntó el padre Georgy.

- Esta es mi primera vez en una iglesia rusa, respondió Joseph confundido.

Entonces el sacerdote decidió darle al visitante una pequeña excursión. Explicó que la iglesia, como muchos otros templos, tiene forma de cruz en la base, porque por la Cruz el Salvador salvó a la gente del poder del diablo. El edificio del templo está coronado por una cúpula que representa el cielo.

En la cúpula hay una cabeza en la que hay una cruz en honor a Jesucristo. Encima de la entrada del templo, hay una torre de campana en la que se cuelgan campanas y se usan para llamar a la congregación a la oración y anunciar las partes más importantes del servicio de la iglesia.

Según la tradición, el arreglo interior de la iglesia era de tres partes: constaba del altar, el templo medio, donde los creyentes solían estar, y el vestíbulo. El vestíbulo era el lugar donde Joseph había visitado anteriormente. Aquí se vendían velas, y era posible presentar notas para el recuerdo y pedir un servicio de oración o un servicio conmemorativo.

Luego, el sacerdote y su invitado caminaron detrás del altar y se adentraron en la parte trasera de la iglesia, donde se encontraban los servicios de la iglesia. El padre Georgy se acercó a la puerta baja y maciza de madera y, abriéndola, invitó a Joseph a entrar.

El joven se encontró en una espaciosa y bien iluminada habitación cuadrada. En el medio había una larga mesa cubierta con un mantel blanco. Sobre ella había aperitivos y comida, una jarra de vino tinto y un solo cubierto. El clérigo fue al aparador, sacó otro plato y lo colocó en la mesa, invitando a Joseph a sentarse.

Entonces el clérigo dijo la oración antes de la cena, y empezaron a comer. El sacerdote sirvió vino en copas, y brindaron por el descanso del alma de Vladimir.

- Que descanse en paz, ¡que Dios lo tenga en su gloria! - concluyó el padre Georgy y después de una breve pausa preguntó: - ¿Cómo te gusta aquí?

- No lo sé, - dijo el invitado avergonzado. - Todo parece familiar... y al mismo tiempo extraño, nuevo. Todavía no he descubierto mis propios sentimientos... Dejé este país cuando tenía solo catorce años, ahora tengo treinta y tres años, y hasta ahora no he escuchado nada bueno de nadie. He perdido a tres amigos cercanos que estaban en mi mente toda mi vida de emigrante. Y se han ido... se han ido. Verás, he existido estos dieciocho años como si estuviera en otro mundo... Allí, todo es diferente: tranquilo, pacífico, calmado. Aquí había una especie de locura... - trató de explicar de manera confusa.

- Te entiendo, Joseph. Realmente teníamos y aún tenemos cosas terribles sucediendo aquí. La gente de la nueva ola derribó el sistema comunista pero no ofreció nada a cambio. Y entonces estas almas huérfanas pensaron en el Señor Dios, nuestra Iglesia Ortodoxa. Pero el problema es que la Rusia democrática todavía está dirigida por burócratas del partido, especialistas en comunismo científico y ateísmo militante. Todo se está haciendo en Rusia para que la moralidad sea libre y el alma se haya atrofiado por falta de uso. ¿Quién será capaz de arreglar esto? La sociedad está corrompida y desmoralizada. Decenas de millones de personas están indignadas pero no tienen la fuerza ni el deseo de protestar. ¿Dónde está el poder para levantarse...

- Perdona por interrumpirte, padre Georgy, pero la gente de hecho ha comenzado a volver a la iglesia, e incluso los altos funcionarios del gobierno están visitando las iglesias...

- Sí, los sentimientos religiosos de la gente común han despertado, y creo que la mayoría de ellos son sinceros. Excepto los jefes, todo es en su mayoría una farsa. Solo un tributo a la moda. No creo que estos altos funcionarios, empezando por el Presidente, los congresistas y el gobierno, hayan despertado de la oscuridad y se estén acercando a la luz de Dios. Desafortunadamente, a menudo es solo una farsa.

La idea del alma no se discute en ningún lugar de Rusia. Hay debates sobre si se debe enseñar la religión en las escuelas. Por supuesto, se enseña, ¡pero quién va a enseñar acerca del alma! Dos veces dos son cuatro, incluso un bribón puede enseñar eso. Pero no puede nutrir, excepto de una manera peor. ¿Quiénes pueden ser estos maestros espirituales? ¿Los devotos? ¡No los hay! ¿Los hipócritas? Lo siento, pero es mejor que no. ¿Dios intervendrá, querrá salvarnos? ¿O castigarnos? Rezo por eso todos los días. Dios nos considera humanos por nuestras almas. Las personas que la han perdido dejan de ser humanos a sus ojos. Y en cuanto al resurgimiento de la fe ortodoxa en Rusia, te diré esto. La vela ha reemplazado la insignia del Komsomol, lo que apenas garantiza la devoción al cristianismo. Y significa solo lealtad al Presidente. Así que si las velas son solo una formalidad, entonces quienes las sostienen son los verdaderos fariseos, aquellos que arderán para siempre.

Nuestro pueblo es increíblemente paciente y al mismo tiempo muy perceptivo. ¿Sabes cómo llaman ahora a los grandes jefes en Rusia que están en las iglesias en los días festivos? ¡Portavelas! Si estos "portavelas" creen en Dios o no, solo Él lo sabe. Una cosa está clara: la gente no ve su sinceridad, que es el punto.

- Pero eso es mejor que el ateísmo frenético, ¿no crees?

- Sí, con una corrección. Los que creían en Dios durante la época soviética eran verdaderos creyentes. Ahora todo es hipocresía. Si me preguntas, la amarga verdad es mejor que las dulces mentiras. Y no puedes engañar a Dios. No tienes que amar a Dios. En primer lugar, debes amarte a ti mismo y a tus seres queridos, porque Dios no necesita amor. ¡La gente cree en Dios y teme su castigo! Ese es el punto. ¡Teme el castigo del cielo! Por falta de temor al Todopoderoso, grandes desastres asolan a la humanidad, convirtiéndola en una turba trastornada, disoluta y asesina. El temor puede evitar que el alma peque, y es más fuerte que el deseo de hacer el mal. La ley solo puede establecerse a través del temor, cuyo título completo es el temor de Dios. Debemos temer el poder del Todopoderoso, porque está oculto e invisible.

- Pero esto no cancela la injusticia en la tierra... ¿Por qué murieron mis amigos? ¿Cuál fue la necesidad de sus muertes? ¿Por qué mueren personas inocentes?

- Joseph, nunca digas que Dios es injusto. Porque si fuera injusto, te habría castigado hace mucho tiempo. Todos somos pecadores y vivimos en el pecado.

- No puedes imaginar lo difícil que es para mí, Padre Georgy... Amigos cercanos, incluso familiares, en lados opuestos de las barricadas, convirtiéndose en enemigos... No puedo entenderlo, no puedo aceptarlo. ¿Por qué es así...?

- La voz de Joseph temblaba con estrés emocional.

- Era aterrador pensar que en la Unión Soviética, donde se obligaba a las naciones a amarse tanto, tan pronto como hubo una oportunidad, todo se convirtió en odio mutuo. Y cada uno tenía sus propios motivos profundos y graves para eso.

- Tú, Joseph, dejaste el país a una edad muy joven y quizás no entendiste lo que estaba sucediendo. ¿Qué hicieron los soviéticos? Bajo el principio de "dividir y gobernar", trazaron voluntariamente fronteras en las regiones tradicionales de las nacionalidades no rusas, creando el terreno para numerosos conflictos étnicos que, con el comienzo de la perestroika, tomaron formas violentas. Entonces, como dije, se crearon todas las precondiciones al comienzo de la era comunista.

La perestroika aflojó el control del gobierno central sobre los medios de comunicación y lo llamó transparencia. Recuerdo haber leído publicaciones sensacionales sobre los atroces crímenes del grupo estalinista contra su propio pueblo. Había un aroma de libertad en el aire, y casi simultáneamente con estas nuevas tendencias en el país, comenzaron los conflictos étnicos: eventos en Ferghana, Nagorno-Karabaj, Tayikistán, Abjasia, Moldavia y los Estados bálticos. Ves, la geografía es vasta, pero los procesos son los mismos: separatismo rampante o esfuerzo por la independencia, como quieras llamarlo. Afortunadamente, nunca hemos tenido ninguna restricción en términos de terminología.

Al final, después de una ola de asesinatos y violencia, una de las partes tenía una clara ventaja y parecía lograr cierto éxito, expresado en la proclamación de estados separados - Abjasia, Osetia, Nagorno-Karabaj y Transnistria. Al mismo tiempo, las tres repúblicas que incluían estas nuevas autonomías quedaron como si hubieran perdido. Pero en cualquier caso, esta victoria pírrica no resolvió ni suavizó las contradicciones. Sin resolver, parece que también estaba en los planes de los grandes combinadores al mando del poder, y gradualmente pasó al estado de latente. Así, la solución a la disputa pasó de los campos de batalla a las mesas de todo tipo de negociaciones, que pueden llevar años e incluso décadas. Así es como sucede en la vida real. Pero lo más sorprendente es que después de todos los horrores del separatismo, ¡los organizadores de estos incidentes todavía ocupan sus posiciones! Es cierto que sus posiciones han sido renombradas, pero los vientos del cambio no los han sacado de sus posiciones. Siguen siendo insubmergibles. Podemos decir con confianza que estas personas, o sus sucesores, continúan controlando la siguiente etapa de estos conflictos, la etapa congelada. Todo está procediendo según lo planeado. Azerbaiyán, Georgia y Moldavia, donde las operaciones fueron casi perfectas, han sido "cortadas" y son incapaces de rectificar la situación sin apoyo externo. Sus propias fuerzas son insuficientes para ello. Esta fue la idea de los organizadores.

- ¿Crees que el moderno Servicio Federal de Seguridad de Rusia tiene el mismo poder que solía tener el Comité de Seguridad del Estado (KGB) de la URSS?

--- "La Perestroika" le quitó el poder omnipresente al Partido Comunista de la Unión Soviética, pero no pudo romper la espalda del KGB. Esta organización muy tenaz ha sobrevivido y continúa controlando absolutamente a todos, desde el gobierno hasta los indigentes en la calle. El presidente Yeltsin tuvo la oportunidad de destruir a la hidra de muchas cabezas, pero nunca la aprovechó. Al igual que en muchos otros casos, su indecisión llevó a que una vez más en Rusia se perdiera una oportunidad única de limpiar completamente el país del ojo total y penetrante del KGB. El arrepentimiento del gobierno ante el pueblo no tuvo lugar. Y el pueblo aparentemente no anhelaba el arrepentimiento.

- ¿Cuáles son sus esperanzas para el recién elegido presidente Putin? En el Oeste se sabe poco sobre él.

- El nuevo gobierno, que exteriormente parece sucesor del gobierno de Yeltsin, en realidad surge de las mismas entrañas de la KGB. En Rusia, la idea principal del estado es la renovación del chekismo nacional (el chekismo proviene de la palabra Chekist, que es una organización creada bajo Lenin, se llamaba Cheka, es decir, Comisión de Emergencia, y más tarde se convirtió en la KGB). Esto es lo que yo veo. Los chekistas llegaron al poder. Y se sabe que un chekista sigue siendo chekista hasta el final de su vida.

- "¿Quién eras en la vida mundana antes de la iglesia?", preguntó José.

- Enseñaba filosofía en la Universidad Estatal de Moscú. Mi tesis fue sobre Epicuro. Cuando Rusia estaba despertando, todos esperábamos grandes cambios, pensábamos que por fin había llegado la hora de que Rusia se purificara, se arrepintiera del pasado y avanzara, para convertirse en un país europeo civilizado normal, para deshacerse de su estancamiento asiático y liberarse por completo del pasado comunista. Pero la vida ha demostrado que las esperanzas más brillantes eran una ilusión. El pasado es tan fuerte que no nos deja ir. No se ha ido; en sus transformaciones, vuelve a ejercer influencia sobre las almas de las personas. Una vez más, la gente ha sido engañada. Sin embargo, querían ser engañados, porque no creían en el cambio y no lo querían desde el principio. Me alejé del ajetreo y el bullicio mucho antes de darme cuenta de todo...

- Sin embargo, desde la perspectiva de alguien que no ha estado aquí durante unos veinte años, Rusia se ha vuelto realmente diferente. Es especialmente evidente el auge religioso, y hay mucha más libertad que en la Unión Soviética.

- Sí, el cambio derrocó la antigua ideología comunista y abrió la puerta a la ortodoxia. La fe comenzó a regresar a las almas de la gente. Heridos, devastados y desesperados, anhelaban aire fresco, agua limpia y luz. La Iglesia acogió a estos siervos de Dios en su seno, les ayudó a soportar los tiempos difíciles, les persuadió de que dejaran sus armas y se arrodillaran ante los rostros sagrados. Fue entonces cuando entendí mi propósito: sanar almas heridas con la ayuda de Dios, ayudarles en lo que pudiera. Al principio, estudié en un seminario teológico, luego me enviaron aquí como sacerdote. Así fue como terminé en Rostov-on-Don.

- ¿Entonces hacia dónde va Rusia ahora?

- La ideología comunista perdió su monopolio en 1991. Después del colapso de la Unión Soviética, comenzó la redistribución de la propiedad en Rusia. Ahora los servicios de seguridad están ganando poder.

Después de pensarlo un momento, el sacerdote añadió de repente:

- ¡Mira en lo que se ha convertido el idioma ruso! El idioma poderoso y grandioso en sí mismo. Está lleno de palabras semidelincuentes y préstamos extranjeros. Recuerda lo que dijo Salomón: "La muerte y la vida están en el poder de la lengua, y aquellos que la aman disfrutarán de sus frutos". También creo que la esencia de los seres humanos se determina por su habla.

- Sí, sí, es muy notable incluso en la comunidad de inmigrantes. Los emigrantes de habla rusa, después de vivir en el extranjero durante diez o incluso veinte años, todavía no pueden adaptarse completamente a un entorno extranjero, viven en su pasado. Dicen que se debe al otro entorno y cultura, ¡pero en realidad, todo se trata del idioma! - confirmó Joseph el razonamiento del padre.

- Verdaderamente, "la palabra es buena". Entiendo lo que sucede en el alma y la mente de una persona rusa. Durante estos diez o quince años, todo en ellos está mezclado, están cansados y quieren descansar, y al mismo tiempo, son arrastrados hacia atrás. La mitología soviética está a punto de explotar, y todos los ideales del pasado han perdido su significado: el sistema de un solo partido ya no es relevante, Stalin es peor que Hitler, Lenin es un espía alemán y el fundador de los primeros campos de concentración, Makhno es un hombre altamente educado y Bandera es un luchador por la felicidad del pueblo ucraniano. Pero la gente siente nostalgia por los viejos tiempos, y no se puede hacer nada al respecto. Para el pueblo ruso, al menos para la mayoría, conceptos como el fortalecimiento del estado, la majestuosidad y la patria son primarios y más comprensibles que las libertades liberales y la iniciativa personal. Alejandro II abolió la esclavitud en Rusia, pero no pusieron ni un solo monumento a él en su patria. Incluso le lanzaron una bomba, ¿por qué? Bajo el gobierno soviético, se inculcó la psicología de la igualdad y el miedo, para ser reemplazada por la psicología de la desigualdad y la envidia. Sí, no les gustan los felices y ricos en Rusia.

Joseph escuchaba con asombro los pensamientos del hombre sentado frente a él con el oscuro hábito de un clérigo. Apenas tuvo tiempo de digerir tanta información nueva, mucho de lo cual fue una revelación absoluta para él.

- Padre Georgy, me impresionaste...

- ¡Por supuesto! Tienes un mundo completamente diferente allá en América. Y Rusia debería estudiarse a través de la investigación de monasterios. Toda la cultura rusa salió del monasterio. De ahí provienen la ética y el concepto de conciencia. En Rusia, todas las categorías morales son radicales y serias. Para entender este país, hay que aprender qué es el ortodoxismo.

- Por lo tanto, ¿la elección del ortodoxismo como religión estatal predeterminó en gran medida el futuro destino de Rusia?

- ¡Absolutamente correcto! De hecho, no podía ser de otra manera. Los eslavos no podían ser católicos por definición. Son diferentes de los europeos. Y tampoco serían musulmanes, porque son diferentes de los asiáticos del Oriente Medio. Así que se eligió algo intermedio: el ortodoxismo. El modelo de cristianismo bizantino-griego correspondía al espíritu eslavo. ¿Y qué es el bizantinismo? Es, desafortunadamente, el reino de la intriga, el engaño y la hipocresía. Este es el legado que hemos recibido. Pero muchos de aquellos que están preocupados por el poder no tienen idea de que el poder, según su definición original, es solo una pelota que los emperadores bizantinos sostenían durante la coronación y otras ceremonias importantes, y más tarde los zares rusos. Estoy convencido de que la nación misma, su alma, crea su historia, su destino, creando o tomando prestadas tradiciones y costumbres cercanas a su espíritu, así como reformando la religión según sus necesidades espirituales.

Tomemos el cristianismo como ejemplo. ¿Cuántas denominaciones diferentes de esta doctrina religiosa aparentemente única se han extendido a otros países? Por lo general, los estados con el más alto nivel de vida y libertades democráticas son aquellos que practican el protestantismo: Holanda, Dinamarca, Inglaterra, Alemania, Estados

Unidos, Canadá, Australia y Nueva Zelanda. Los países católicos están en segundo lugar: Francia, Italia, España, etc. Los países ortodoxos están en tercer lugar: Grecia, Rusia, Bulgaria y otros.

- ¿Crees que Rusia necesita el protestantismo? - Joseph levantó las cejas sorprendido. Estaba cada vez más asombrado por este hombre inusual, que hablaba palabras tan extrañas en el monasterio ortodoxo.

- Bueno, es ridículo y tonto hablar ahora de la aceptación masiva de la ética protestante por parte de los rusos. Pero creo firmemente que todas las naciones ladronas y económicamente pobres lo necesitan como el aire. ¡En verdad! Alguien dijo que los protestantes se sientan con Dios en la misma mesa. Los católicos y ortodoxos son diferentes: su Dios está en una altura inalcanzable, y los seres humanos son insignificantes, nada. Es como las Escrituras, "Soy el gusano". Esta autopercepción se ha convertido en parte de la mentalidad, y es difícil de cambiar.

- Es lo contrario con los estadounidenses. No entienden cómo es posible sufrir hambre, frío y falta de refugio y aún embriagarse, robar y buscar enemigos entre los verdaderos trabajadores, empresarios astutos y no estadounidenses. Los estadounidenses están acostumbrados a depender de sus propios recursos para todo, añadió Joseph.

- Porque los estadounidenses no conocen nuestra historia y no entienden que durante siglos, la sociedad rusa ha estado basada en una cultura y psicología comunitaria, ha rechazado cualquier tipo de individualismo, y ha visto una justicia superior en la igualdad, incluyendo la igualdad económica. Para un estadounidense protestante, en cambio, el individualismo significa que cada persona se defiende a sí misma y Dios defiende a todos, respondió el padre Georgy.

- Disculpe, pero es muy inusual escuchar un discurso así de un sacerdote ortodoxo... el invitado dijo.

- Sí, debe parecer muy extraño para los demás. A veces me contradigo a mí mismo. Pero tengo una excusa. En primer lugar, estoy hablando con un estadounidense que nació en nuestra tierra. Y en segundo lugar, soy una especie de... sacerdote disidente.

- ¿Y no tienes problemas con la jerarquía religiosa?

- Hasta ahora no los he tenido.

Después de una breve pausa, el padre Georgy continuó su razonamiento:

- Siempre me he preguntado por qué en la Ortodoxia la persona más cercana a la santidad es el pobre, el mendigo, el desposeído. ¡No el que trabaja, crea y construye, sino el que pide limosna! ¿Por qué considera la Ortodoxia a este mundo un lugar de tristeza y sufrimiento? Yo mismo ciertamente creo que vinimos a esta tierra para sufrir, porque sin sufrimiento es imposible conocer el sentido de la vida. No puedes vivir con rectitud sin arrepentirte por los pecados que cometes. Pero por otro lado, si lo piensas, la vida misma es un regalo del Todopoderoso y debería ser tratada como una gran bendición. ¡Es este optimismo protestante lo que necesitamos para renacer!

Dentro de la persona rusa, no importa si es un señor, un campesino o un siervo, siempre se sienta un pequeño y malvado demonio de anarquismo pasivo, que nos inspira una actitud descuidada e indiferente hacia el trabajo, la sociedad, la gente, nosotros mismos. Cada día estoy más convencido de que la moralidad del protestantismo podría ayudarnos a superar este demonio. Si, por supuesto, deseamos superarlo.

- ¿Realmente crees que esto es posible? Después de todo, la ética protestante presupone el individualismo, la iniciativa personal, la fe en la propia fuerza, la moderación, la disciplina, y así sucesivamente. Por lo que entiendo, estas son cualidades extrañas al carácter ruso.

- Soy muy consciente de que cualquier fe llega gradualmente, sin ser impuesta por la fuerza. Y cada nación es merecedora no solo de su líder, sino también de su religión. ¡Pero ahí está el problema! Yo creo en un solo Dios, en su hijo Jesucristo y en el Espíritu Santo. Amo a mi pobre pueblo y no deseo más que el bien para ellos. Pero si veo algo bueno en el protestantismo, en la moral puritana o en los escritos budistas, por ejemplo, creo que merecemos beneficiarnos de esos sagrados dones.

Sé que por naturaleza nuestra gente es mayormente conservadora, inerte y no está inclinada a realizar cambios rápidos y drásticos. Toda la historia de mi nación es de diversos experimentos sobre sí misma, donde todos los cambios fueron introducidos exclusivamente por la fuerza y nunca de manera evolutiva. Nuestra gente se ha vuelto terca, rígida y difícil de cambiar pacíficamente, incluyendo en lo religioso. Siempre han sido usados como carne de cañón o han sido destruidos.

Ahora es razonable preguntarse, ¿quién escuchará mi mensaje y quién me creerá? Especialmente ahora, cuando la mayoría de la gente está más convencida que nunca de que cualquier deseo, incluso el mejor, si viene de personas que creen en los valores occidentales, siempre es perjudicial para el pueblo ruso. Dicen que la vía occidental y los valores occidentales son una amenaza. Y yo digo, ¿es el amor por el trabajo, la habilidad para trabajar, una familia fuerte, la habilidad para confiar en tu propia fuerza, tomar iniciativa, solo bueno para Occidente?

Joseph miró interrogativamente al Padre, sin interrumpirlo. Al notar su confusión, el sacerdote dejó de hablar y sonrió amargamente:

- Sí, entiendo lo inusual que es para ti escuchar esas palabras. Pero trato de no ser engañoso, ni cuando hablo con mi rebaño ni ahora, ante ti. Las personas que entienden la importancia de estos valores necesitan tomar al menos algunos pasos en esa dirección. Bueno, no sé cómo explicarlo... El gran Sakharov dijo: "Necesitamos la victoria sobre el caos, sobre el caos ruso". Es como superar la entropía. Esto es lo que debería impulsar a nuestras mejores mentes: la superación del caos, tanto en las relaciones sociales como dentro de cada uno de nosotros.

Porque la superación interna del caos es la búsqueda de la libertad. Y la libertad es el valor moral y ético más alto en general, incluyendo en el protestantismo. Repito estas palabras todos los días. Personas, aprecien la libertad, porque es lo único que vale la pena apreciar. Nada en esta vida es tan barato o tan costoso como la verdadera libertad. Y Sakharov también enseñó que la libertad es un sistema de limitaciones internas. Y las restricciones internas son los Diez Mandamientos dados a las personas por el Todopoderoso. Así, se cierra el círculo. Tal vez Rusia todavía esté bien. Es un país relativamente joven.

- ¿Por qué piensas eso?

- Porque comenzó su monoteísmo solo hace mil años.

- Francamente, nunca asocié la madurez de las personas con el momento de aceptar una religión monoteísta. Aunque hay algo interesante en ello... - dijo Joseph pensativo.

Resumiendo nuestra conversación, quiero agregar que hay dos plagas principales en Rusia: la estancación asiática y la mentalidad bizantina. Debido a ellas, todas las reformas hacia una supuesta europeización han fracasado durante más de quinientos años. Pero los logros no pueden negarse, si hacemos caso omiso del precio al que se han alcanzado.

Las reformas suelen ser impuestas desde arriba por la cima de la pirámide - el poder - zarista, soviético y presidencial. Y nunca las completa. En primer lugar, no puede cortar completamente la rama sobre la que está sentado. En segundo lugar, la población de Rusia, que está bajo la influencia de la mentalidad bizantina, es fundamentalmente rígidamente asiática. ¿Qué quieren las voces disidentes, los disidentes y los demócratas? Quieren poder, quieren cambios políticos y económicos. La única diferencia en principio es que intentan hacer estas reformas más dolorosas, más rápidas y más decisivas para lograr el anhelado objetivo de la europeización del país. Pero mientras estos dos flagelos definan la mentalidad de la mayoría, las reformas serán impotentes cada vez.

Lo diré de nuevo, por supuesto, en los últimos quinientos años hemos visto progreso, un progreso muy lento, pero aún así progreso. ¡Y el precio a pagar por ello es grande! Y para que las reformas políticas y económicas realmente "funcionen" y el precio sea adecuado, se necesita una REVOLUCIÓN ESPIRITUAL. Esto no requiere políticos. ¡Se necesitan personas del clero ruso que piensen en términos reformistas! Deben traer cambios en el alma de las personas, como lo hicieron Lutero y Calvino en su época en Europa, la revolución religiosa, es decir, la Reforma, sin un solo disparo y sin una montaña de cadáveres. ¡Eso es lo que necesita Rusia! Romper la estancación asiática y liberar el alma de su herencia bizantina.

El puritanismo es la única gran creación del período tardío de la historia religiosa cristiana. La Ilustración en Europa Occidental fue de origen inglés y fue el resultado del puritanismo. Incluso diría que Occidente es ahora tan poderoso por ello. Por supuesto, en Rusia puede llevar más, muchos años... ¡Pero tenemos que empezar por algún lado!

Padre Georgy habló con tanto fervor y convicción que Joseph no tuvo más opción que estar de acuerdo con él.

- Por supuesto, Joseph, tú sabes mejor. Pero, ¿no hay una crisis de ética protestante en Estados Unidos en sí mismo?

- Sí, desafortunadamente. WASP1 representa ahora a la saliente, antigua, América provincial que tanto amo. Es devota, ayuda a los pobres, es honesta y hay una fuerte creencia en la palabra de un ser humano.

(1 Siglas en inglés para "White Anglo-Saxon Protestant," es decir, "protestante anglosajón blanco".)

- Creo que los liberales y sus valores son, irónicamente, los responsables del declive de esta clásica América. La moderna América que la gente religiosa no gusta es culpa de los liberales. Creo que la América de hoy necesita una revitalización del fundamentalismo protestante, el neopuritanismo, como la única forma de salvar a la humanidad moribunda. En el centro de esta ética está el culto al trabajo como una oración diaria a Dios, como un fin en sí mismo. Y el culto a la familia. De lo contrario, la civilización occidental corre el riesgo de repetir el destino del Imperio Romano, que en un momento dado se volvió indefenso ante una invasión bárbara.

Tres horas de conversación con el clérigo pasaron inadvertidas para Joseph, aplastado por el peso del dolor y físicamente exhausto.

- Disculpa, Joseph, ¿tendrás una tarde libre en Moscú? Me gustaría pedirte -si no te importa, por supuesto- que organices una reunión con el académico Yakushev.

- ¿Yakushev? -preguntó Joseph de nuevo. -¿Quién es?

- Ah, cierto, Padre Georgy sonrió comprensivamente, te fuiste a principios de los años ochenta y nunca oíste hablar de él. Fue uno de los principales arquitectos de la perestroika, el principal ideólogo de la era de Gorbachov.

- ¿Un hombre así realmente aceptaría hablar conmigo? -dijo Joseph con dudas.

- Bueno, en primer lugar, se retiró hace mucho tiempo, y en segundo lugar, es mi amigo, concluyó el sacerdote con orgullo, continuando sonriendo. Luego se puso serio y añadió: En primer lugar, Alexander Yakushev es un conversador muy interesante. Si tiene algo de tiempo libre, realmente lo disfrutarás. Puede contarte de primera mano, por así decirlo, lo que sucedió a finales de los ochenta y principios de los noventa. Me refiero al colapso de la Unión y, en consecuencia, la muerte de decenas de miles de personas, incluyendo a tus amigos.

Con estas palabras, el sacerdote le entregó a Joseph un trozo de papel con un número de teléfono. Luego lo bendijo y lo dejó ir en paz.

Capítulo 10

Joseph estaba volando a Moscú en un viejo Tu-154, pero, sintiendo la pérdida de sus amigos gravemente, no notó su incomodidad. Tan pronto como el avión ganó altitud, se quedó dormido en su asiento: el estrés del día anterior había pasado factura. Lo despertaron los sacudones que acompañaron el aterrizaje en el aeropuerto de Domodedovo.

Era tarde en Moscú. Dos horas después, Joseph entró en el Hotel Metropol, donde se le había reservado una habitación. El cansancio no desapareció, su cabeza seguía doliéndole. Se duchó y se acostó, pero no pudo dormirse durante mucho tiempo. Seguía pensando en lo que había sucedido tan inesperadamente en estos días.

Por la mañana, Joseph fue despertado por una alarma de teléfono móvil. Abrió los ojos con dificultad. Durante los primeros segundos, ni siquiera sabía dónde estaba. Pero en cuanto se aclaró su conciencia, el sueño desapareció como por arte de magia. Saltó de la cama, se lavó la cara rápidamente, salió al bufé para desayunar y llamó al hermano de Armen.

Después de varios tonos, Joseph escuchó una voz con un fuerte acento armenio:

- Hola, ¿a quién necesita?

- Hola, estoy buscando a Karen.

Hubo un pequeño revuelo, y la voz de otro hombre llegó a través del teléfono:

- Soy Karen. ¿Quién llama?

- Karen, soy Joseph, un amigo de la infancia de Armen. Vine desde Nueva York...

- ¿Joseph, eres tú? ¡Por supuesto que te recuerdo! Es genial que hayas venido, hermano. Me alegra mucho escucharte.

- ¿Podemos encontrarnos ahora mismo?

- Sí, por supuesto. ¿Podrías conducir hasta nuestro lugar? ¿Dónde estás?

- Estoy en el Hotel Metropol. Dime la dirección.

Joseph decidió dar un paseo por un rato. Tenía curiosidad por ver Moscú. Bajó por la calle Tverskaya, llegó a la Plaza Roja, cruzó el Jardín de Alejandro y luego se dirigió en dirección al Viejo Arbat. La parte histórica de la ciudad estaba casi sin cambios. Pero su espíritu era diferente, y no solo porque tiendas ultramodernas y restaurantes de lujo ocupaban todos los primeros pisos de edificios antiguos. Parecía a Joseph que la gente misma había cambiado. Estos moscovitas eran diferentes de aquellos que permanecieron en sus recuerdos juveniles.

Entrando en una cafetería en el Viejo Arbat, Joseph comió algo rápidamente, salió a la Avenida Kalinin, donde tomó un taxi y se dirigió al lugar de Karen.

El hermano de Armen vivía cerca de la estación de metro Babushkinskaya. Era una parte agradable y verde de la capital. Los edificios de la era soviética se alineaban a lo largo de la carretera.

La puerta fue abierta por un joven fornido y de baja estatura, con cabello negro y largo y una nariz grande y curvada.

- Karen, ¡es para ti! - gritó mientras saludaba. Luego extendió su mano e se presentó: Misha.

- Joseph.

Estrecharon manos.

- Entra. Karen saldrá enseguida.

El invitado caminó por el pasillo y entró en la habitación. Karen se acercó a él desde la habitación contigua con los brazos extendidos.

Al haber conocido al hermano de Armen en la calle, Joseph, por supuesto, no lo hubiera reconocido. Frente a él estaba un chico alto y guapo con cabello castaño oscuro corto. Su rostro recordaba de alguna manera sutil a su hermano. Se abrazaron.

- ¿Realmente eres tú, Karen? - exhaló Joseph.

- Sí, soy yo. Siéntate en el sofá. También has cambiado, Joseph, comentó Karen, tomando la silla opuesta.

- Karen, ya lo sé todo. Estuve en Bakú.

- Sí, Armen... - Y Karen se calló, avergonzado, y bajó los ojos al suelo. - Ni siquiera hemos encontrado su cuerpo para darle un entierro adecuado. Armen fue reportado como desaparecido, añadió en voz baja.

Joseph sintió gotas de sudor brotar en su frente. Envuelve sus manos frías alrededor de la cabeza de Karen y presionó su frente contra ella.

- ¿Has oído hablar de Volodya?

- No, no sé nada de él.

- Fue asesinado en la guerra chechena.

- ¿Qué estás diciendo? ¡Oh no! Era un gran tipo...

- Eso es todo... Volví después de dieciocho años para ver a mis amigos, y me los quitaron. Dime, ¿por qué, por qué fue la vida tan cruel? ¿Cuál fue su culpa?

- ¡Espera! ¡Sabemos por qué Armen murió! ¡Murió defendiendo la tierra armenia de Artsakh de esos subhumanos azerbaiyanos! - Habló Misha con arrogancia.

Joseph lo miró cansado y notó la ira y el odio que brillaban en sus ojos. Luego volvió su mirada hacia Karen, algo avergonzado por esta afirmación, y dijo:

- Karen, necesito un poco de aire fresco. No me siento bien... Por favor, acompáñame afuera.

- Sí, por supuesto, si necesitas salir, estoy aquí para ti. Una vez afuera, Joseph se disculpó apresuradamente:

- Lo siento por la forma en que actué. Pero fue difícil para mí estar allí, en compañía de tu amigo...

- Sí, él es un patriota apasionado.

- Mira, llévame a algún lugar tranquilo para que podamos sentarnos tranquilamente y conmemorar a nuestros chicos. Los recuerdos son todo lo que nos queda.

Después de tomar el coche, Karen llevó a Joseph a una taberna griega. Eran alrededor de las tres de la tarde. Era un día de semana y la mayoría de las mesas estaban vacías. La taberna era muy acogedora. Una música tranquila se filtraba desde algún lugar en las paredes y el techo. Un camarero rápidamente puso la mesa, y Joseph sirvió la vodka en vasos de chupito.

- ¡Quiero beber en memoria de mis amigos! Dios me ha enviado una prueba, se ha llevado a tres personas cercanas a mí. Después de todos estos años de separación, he venido aquí solo para descubrir que murieron hace mucho tiempo ... ¿Cómo puede ser ...? ¡Qué mundo cruel, qué época tan terrible en la que vivimos! Y si hay un reino celestial, que se encuentren allí, Joseph terminó su brindis con la cabeza baja.

Los ojos de Karen se humedecieron y ya no pudo contener sus lágrimas. Una gota tras otra se deslizó por sus mejillas.

- Sí, Joseph, tal tragedia ha ocurrido en nuestra familia ... ¿Puedes imaginar lo que Asya sintió cuando perdió a su esposo y hermano? ¿Y nuestros padres? ¿Qué puedo decir? - Karen vació su vaso de un trago y se limpió los ojos mojados con una servilleta.

- ¿Vives en Moscú todo el tiempo?

- Sí, soy ciudadano ruso y hago negocios aquí. Abrimos una tienda de ropa exterior.

- ¿Cómo va?

- Más o menos, con éxito variable. Estamos tratando de hacer todo lo que podemos. Por supuesto, no es fácil.

- Veo que no estás casado.

- No. ¿Y tú?

- Yo tampoco.

- ¿Por qué no?

- No tengo tiempo para esto.

- ¿Qué haces?

- Trabajo como gerente en una gran empresa de inversión -respondió Joseph modestamente. - Invertimos dinero en industrias rentables, incluyendo petróleo y gas. ¿Cómo van las cosas en Armenia?

- Probablemente sepas que aunque Armenia ganó la guerra con Azerbaiyán, en realidad está bajo un bloqueo económico. No tiene relaciones muy cálidas con Georgia. El único "amigo" que tiene fronteras comunes con nosotros, por así decirlo, es Irán. Somos amigos de Irán. Pero las mejores relaciones son con Rusia. Tenemos un acuerdo militar, y ya sabes, esto es algo serio. Las tropas rusas protegen la frontera con Turquía. También nos ayuda Estados Unidos. Los armenios estadounidenses hacen lobby por nuestros intereses políticos y financieros. Creo que Armenia estaría en problemas sin su ayuda.

- ¿Y qué hay de la gente?

- ¿Qué pasa con la gente? Siempre son los chivos expiatorios. ¿Y cuántos quedan en Armenia? Alrededor de dos millones y medio. En busca de una vida mejor, los armenios siguen mudándose a Rusia. Realmente no quieren morir peleando con Azerbaiyán. Aquí tenemos una gran diáspora, alrededor de dos millones, y otros cuatro millones en otros países, incluyendo los Estados Unidos, Francia, Siria, y así sucesivamente.

- ¿Por qué crees que Azerbaiyán fue derrotado en la guerra de Karabaj?

- ¿Qué quieres decir con "por qué"? ¡Porque teníamos la razón! Pero no debemos olvidar que los rusos nos ayudaron mucho.

- Karen, no tuve la oportunidad de ver a la hija de Rafik, así que por favor lleva este cheque al beneficiario. ¡Solo no te enojes demasiado! Es para el bebé.

Joseph le tendió el sobre.

- Me voy en un día. Pero estaré ocupado mañana, así que no podré verlos. ¡Bueno, adiós y besa al bebé por mí! Y también, realmente te pido que mantengas el contacto con la madre de Rafik. Asegúrate de que conozca a su nieta. ¿Prometes?

- ¡Por supuesto que lo prometo, Joseph-Jan! Y se abrazaron.

Capítulo 11

Al día siguiente, Joseph llamó al Académico Yakushev, quien lo invitó a su apartamento para una reunión.

El dueño abrió la puerta en persona. Era un hombre grande, gordo y de cabello gris, que parecía cansado: los años estaban pasando factura. Su rostro parecía permanentemente impreso con una inmensa carga de responsabilidad, pero sus ojos perceptivos todavía brillaban con ingenio. Miraba directamente hacia adelante, sin pestañear, tratando de adentrarse en los pensamientos más profundos de su interlocutor. Caminaron por el amplio pasillo hasta una gran habitación cuadrada. Esta era la oficina de Yakushev. Todas las paredes, de arriba abajo, estaban cubiertas de estanterías llenas de libros. Había cuadros y fotografías familiares colgando en los pequeños huecos de las paredes. Entre ellos, Joseph pudo distinguir fotos del académico con Gorbachov y los líderes de países extranjeros. Había un enorme escritorio junto a la ventana. A la derecha, en la esquina, había sillones y un sofá masivos, y una mesa. El antiguo parqué de roble estaba cuidadosamente limpio y brillante. La habitación estaba decorada con muchas estatuas y jarrones traídos de varios países.

Alexander Nikolayevich invitó a Joseph a sentarse en un sillón, y él mismo se sentó enfrente. Entre ellos, solo había una baja y masiva mesa de café de caoba.

- ¿Qué te gustaría tomar: té, café, jugos o algo más fuerte? Joseph pidió una taza de café.

- Katya! ¡Katya! - llamó Alexander Nikolayevich en voz alta.

Después de un rato, la puerta se abrió y una mujer de mediana edad y bonita con un delantal rosa se paró en el umbral.

- ¿Necesitas algo, Alexander Nikolayevich? - preguntó, y al ver a Joseph, asintió con la cabeza.

- Sí, Katya. Por favor, un café para nuestro invitado y una taza de té para mí.

Después de algunas frases comunes, Joseph habló brevemente sobre lo que había experimentado durante los últimos días.

- Sí, bueno... Todo lo que me has contado es terrible, pero desafortunadamente, estas son las lecciones que tuvimos que pasar. Claro, ha habido errores y fallos y esquemas sucios de alguien, pero ese es el abismo en el que hemos caído. Ahora tenemos que salir de él; no para mantenerlo oculto, no para oscurecerlo, no para escondernos, sino para salir con la cara abierta.

- Todo sigue igual. ¿Se han resuelto alguno de los conflictos interétnicos que surgieron con la caída de la Unión Soviética? ¡No! En el mejor de los casos, se ha congelado.

- Sí, tienes razón. Es fácil avivar las llamas del odio, pero muy difícil extinguirlas. Este tipo de luchas interétnicas e interreligiosas sigue siendo un nudo apretado que no se puede desenredar. Después del colapso de la Unión Soviética, las leyes del sálvese quien pueda se pusieron en primer plano. Los más poderosos, astutos, preparados y afortunados tienen más posibilidades de ganar. En tiempos como estos, estas cualidades se vuelven decisivas. En contraste, los conceptos de protección estatal, justicia social y el estado de derecho se vuelven profanos o simplemente no funcionan en absoluto.

- Y sin embargo, creo que se ha pagado un precio demasiado alto por la situación en la que se encuentran hoy los pueblos de la antigua Unión Soviética.

- Mi querido Joseph, ¡por supuesto, en términos humanos tienes mil veces razón! Por supuesto, cualquier cataclismo social y político o intento de implementar incluso las ideas más nobles casi siempre tienen un precio exorbitante. ¿Sabías que este miserable país perdió decenas de millones de ciudadanos por el derecho a llamarse Unión Soviética? Ese fue el precio por la oportunidad de construir una sociedad comunista.

La puerta se abrió y entró Katya con una gran bandeja. Puso hermosas servilletas de tela en la mesa y sirvió tazas y cuencos con dulces, frutas y postres. Todos sus movimientos fueron rápidos, hermosos y elegantes.

- Gracias, Katya, - dijo Yakushev con una cálida sonrisa.

- De nada, Alexander Nikolayevich. - Ella salió de la habitación, cerrando la puerta con fuerza.

- Entonces, Joseph, por favor, no seas tímido y prueba nuestras delicias. ¡Me gusta cuando la gente come de corazón! Ya sabes, mis médicos me lo prohibieron, pero creo que cincuenta gramos de coñac no harán ninguna diferencia.

Con esas palabras, se levantó, fue al bar, abrió la puerta del bar y sacó una botella de coñac armenio.

- Mis amigos me enviaron esto desde Armenia. Dicen que es muy diferente de lo que encuentras en las tiendas. Para ser honesto, no soy un gran conocedor. ¡Pero vamos a probarlo!

Puso dos pequeños vasos de cristal sobre la mesa y los llenó. Al instante, un dulce y peculiar olor entró en la habitación.

- Querido Joseph, ¡vamos a conmemorar a tus amigos fallecidos! Que su memoria viva y sus vidas y muertes sirvan como lección y ejemplo para las generaciones más jóvenes. Lucharon por su patria, cada uno a su manera, a veces en diferentes bandos de las barricadas. Y sin embargo, cada uno de ellos cumplió con su deber de soldado, a pesar de lo que hicieron los políticos, militares y servicios especiales a sus espaldas. Estos chicos fueron honestos ante su pueblo. ¡Memoria eterna y gloria para ellos!

Después de un breve silencio, Joseph continuó:

- Vale, puedo entender todo: el colapso de un país enorme, las consecuencias de su agonía... Pero el conflicto de Karabaj comenzó en

1988, y la gente, ciudadanos de un país, comenzaron a pelear entre sí. ¿Dónde estaba el gobierno soviético? ¿Por qué lo permitieron? ¡Esto es lo que mi mente se niega a entender!

- Tienes razón, Joseph. Pero todo lo que salió entonces se remonta al pasado profundo. Si quieres saber, personalmente fui acusado por algunos individuos de fomentar el separatismo en Armenia, aludiendo a los eventos de Karabaj. Por supuesto, estoy de acuerdo, que para todo lo que sucedió en el país durante esos años, incluyendo la discordia interétnica, la responsabilidad recae en el liderazgo del país, en Gorbachev y en mí también. No me absuelvo de la culpa al respecto. Pero es absolutamente incorrecto culpar la sangre en Bakú, Vilnius, Tbilisi, AlmaAta y otros "puntos problemáticos" solo a Gorbachev. Todas estas ideas fueron martilladas en la cabeza de las personas por el Comité Estatal de Emergencia, que ahora intentan absolverse de la culpa por muchas de sus provocaciones que terminaron en derramamiento de sangre. Gorbachev mismo dijo que los conflictos nacionales no se pueden resolver por la fuerza. Pero los servicios de seguridad tenían sed de sangre, la derramaron y luego informaron que las armas se usaron solo como medida de represalia.

Además, los servicios de seguridad, asustados por la perestroika, provocaron disturbios y situaciones de conflicto ellos mismos para demostrar su utilidad. Este fue el caso en Alma-Ata, Fergana, Sumgayit, Bakú, Vilnius y Riga. Pero por otro lado, las antiguas repúblicas ansiaban el poder autónomo. Como resultado de la demagogia nacionalista, obtuvimos guerras y conflictos, el deseo de matar a alguien y vengar algo. El separatismo es algo terrible. Puede llevar a cualquier sociedad a un callejón sin salida de conflictos entre todos ellos.

- Alexander Nikolayevich, estuvo en los orígenes de la perestroika. Ahora, después de diez a quince años, ¿cómo evalúa lo que sucedió? ¿Se arrepiente de algo de lo que ha hecho o, de ser posible, lo haría todo de nuevo?

- Bueno, en primer lugar, confesé abiertamente y me arrepentí de los errores que cometí. ¿Cómo podría evitarlo? Si hubiera sabido dónde caer, habría puesto una pajita en el suelo. Pero en general, no me arrepiento de nada. En segundo lugar, si tuviera que hacerlo todo de nuevo, solo consideraría los errores del pasado. Queríamos cambiar nuestro país, ¡no destruirlo, ten en cuenta! Queríamos cambiarlo, hacerlo abierto y libre, mostrar a la gente dónde está la verdad y dónde están las mentiras. Queríamos que aprendieran a trabajar y ganar dinero decente por ello. Queríamos que entendieran que podían determinar su propio destino. Pero, desafortunadamente, todos los intentos de reformar la estructura social fracasaron. Veo la razón principal de esto en la psicología conservadora e inerte de nuestro pueblo. Estoy de acuerdo, bajo el zarismo, hasta 1861, había un sistema de esclavitud. Pero junto con esto, había, aunque no muy extendido, la ley y la conciencia legal. Durante las primeras décadas de su existencia, el régimen soviético destruyó la abogacía como instrumento para proteger los derechos individuales, ya que no existían en la Unión Soviética. Junto con el papel del abogado, la jurisprudencia fue derribada y se asestó un golpe aplastante a la parte de la conciencia humana responsable de obedecer la ley. Como resultado, la posesión del poder no se convirtió en sinónimo de adherirse a la ley. Para el pueblo soviético, los conceptos de democracia, derechos, moralidad y justicia perdieron para siempre su significado y poder. El miedo, la incredulidad, la falta de fe en Dios y la hipocresía se arraigaron firmemente en nosotros. Además, Rusia prefiere no la libertad, sino la voluntad, lo que significa "anarquía": lo que quiero, lo haré. En el mundo civilizado, la libertad significa, ante todo, responsabilidad y compromiso. Pero en Rusia, cuando una persona obtiene poder, hace lo que quiere, no lo que tiene que hacer.

- Ya sabes, Alexander Nikolaevich, he notado que en Rusia, en Azerbaiyán y, aparentemente, en otras antiguas repúblicas soviéticas también, las personas que se llaman a sí mismas demócratas o demócratas nacionales no pueden llegar a un acuerdo entre ellos. ¿Cómo puedes condenar a ciudadanos comunes que no confían en ellos? ¿Por qué es que las personas que proclaman principios democráticos siempre tienen más ambición personal que sentido común?

- ¡Eres muy observador, joven! Y sabes, no depende de la edad. Los defensores de los derechos individuales y las libertades, tanto jóvenes como viejos, luchan entre sí como gatos y perros.

- ¿Por qué los intelectuales antiguos soviéticos que se llaman a sí mismos demócratas tienen tanta egoísmo y ambición? - Preguntó Joseph de nuevo.

- Creo que es porque también nacieron entre la gente común y no son muy diferentes de la gente ordinaria. Se podría decir que la diferencia radica solo en la educación, la ideología y la civilidad, que resultan ser vulgares y superficiales. Nuestra "intelectualidad" siempre ha sido muy susceptible a los encantos del poder. El gran Nabokov una vez comparó la "intelectualidad" soviética con cortesanos hablando del terrateniente. Se reunían en el establo y cacareaban, pero cuando su amo llamaba, corrían a servir.

Lo mismo está sucediendo hoy. En la Rusia actual, el autoritarismo está venciendo al liberalismo, y gran parte de esto se debe a nuestra "elite" intelectual nativa, que es más capaz que nadie de adaptarse a marcos rígidos. Por otro lado, las autoridades siempre cultivan el conformismo, este tipo especial de esclavitud civilizada. La tragedia de la Rusia moderna radica precisamente en el conformismo intelectual y psicológico de nuestra élite política. Así que todo se trata de la gente en sí misma, en cada uno de nosotros.

Queríamos libertad, pero resulta que nadie la quiere. No la conocemos y no sabemos cómo usarla. ¿Quiénes somos? Personas que delatan a sus vecinos, que se alegran de ver que alguien fue castigado. Algunos delatan, otros guardan silencio... ¿Quiénes trabajaban en las autoridades punitivas? ¿La clase de personas que eran villanos? No, solo personas comunes. ¿Entonces quiénes somos? Hasta que respondamos a esta pregunta, no tendremos éxito en construir nada en Rusia. Toda la sociedad, de arriba abajo, necesita arrepentirse. Fuimos nosotros quienes intentamos pisotear o matar a otros, torturamos y asesinamos a nuestra propia gente, delatamos, denunciamos y estigmatizamos en diversas reuniones. Delatar se consideraba una cosa honorable. Así que todos somos culpables. Una parte de la sociedad está convencida de que Lenin era un villano. Pero entonces, ¿quiénes son ellos mismos?

Ahora estamos construyendo un país fuerte. Pero de alguna manera resulta ser una dictadura, ¡una burocracia! La sociedad está siendo drogada por un juego de patriotismo, y nadie entiende cómo debería ser realmente un estado poderoso. Y en primer lugar, debería ser libre, rico, independiente y no malicioso.

- Entonces, ¿qué tipo de esfinge es Rusia? No es Occidente ni Oriente. ¿Algo intermedio o por su cuenta?

- Todo el mundo está obsesionado con la civilización occidental. En mi opinión, ya no existen ideales occidentales u orientales en el mundo. Existe la civilización o la barbarie. El mito sobre la especial manera rusa, la elección divina y el alma misteriosa es muy costoso para Rusia. El Regimiento Preobrazhensky de Pedro el Grande, los masones de Alejandro I, Alejandro II y los comisarios de Lenin intentaron poner fin a la llamada "especial manera rusa", pero la terquedad rusa está lista para socavarse a sí misma en lugar de unirse al resto de la humanidad civilizada.

Rusia tiene que entender que no hay una "especial manera rusa", es una ilusión. Así como no hay una manera especial china o estadounidense. Con toda la variedad de matices culturales, solo hay una salida: la vía liberal-democrática. Todos los países inevitablemente deben unirse al proceso de globalización, de lo contrario, solo serán apéndices brutos de los países civilizados.

En el mundo postindustrial, el conocimiento y las personas que lo poseen son la fuerza impulsora del crecimiento económico. Y si Rusia necesita algún tipo de súper idea, lo cual no estoy seguro de que sea necesario, está en la superficie, general, sin desviación ni retroceso. ¡Es una guerra contra la pobreza! ¡La guerra más justa! Por lo tanto, no hay necesidad de llenarse la cabeza con especulaciones metafísicas: los verdaderos problemas de Rusia yacen en la superficie: pobreza y falta de derechos. La pobreza surge de la ausencia de propiedad privada. La razón de la falta de derechos surge de la importancia exagerada e inmoderada del estado en la vida pública. ¿Los rusos quieren una idea nacional? Por favor, es la Libertad, Prosperidad y Justicia.

- Aquí podría discutir contigo porque no es una idea nacional, sino universal.

- ¿Y qué hay de malo en eso, si solo hay beneficios? La libertad y el bienestar material de los ciudadanos pueden hacer que la sociedad sea decente y el estado respetable. La libertad es la única forma de salvar a Rusia. El nuevo gobierno intenta construir un estado fuerte. Pero, ¿qué es eso? Por ejemplo, ¿Suecia es un estado fuerte?

Alexander Nikolayevich hizo una pausa significativa y miró a Joseph, quien asintió ligeramente perplejo.

- Sí, es un país libre y rico. ¿Qué quieren los gobernantes actuales? ¿Que Rusia sea poderosa con la tiranía de los funcionarios gubernamentales, los misiles, las armas nucleares, la represión y la gente pobre? ¡De ninguna manera! Ya hemos pasado por todo esto antes. Los funcionarios necesitan libertad de responsabilidad para poder robar y destruir a la gente.

Por un momento, Yakushev se recostó, con los párpados medio cerrados como si quisiera darse un respiro después de su arrebato emocional.

- Puedo deducir de tus palabras que la sociedad rusa aún no está lista para el arrepentimiento. Y el arrepentimiento también es el camino hacia la libertad, una especie de liberación del mal pasado.

- En nuestro país, es exactamente lo contrario. Observa las actitudes de nuestra sociedad. Me vienen a la mente las palabras de Maksimilian Voloshin: "El esclavo de ayer, cansado de la libertad, se rebelará, exigiendo cadenas". Esta es la característica exacta de la condición espiritual de la Rusia actual.

- Sin embargo, sigue siendo un misterio para mí por qué tantas personas aún sienten nostalgia por Stalin y su era.

- Ya ves, el asunto es... Stalin es una persona muy contradictoria y complicada. Yo lo llamaría un gran villano. La memoria de las personas es mayormente corta, y las cosas malas se olvidan rápidamente. Pero todos recuerdan la grandeza del imperio liderado por el "padre de la nación". Además, los ancianos se consideran condenados a vivir su vejez en la pobreza, y a veces en la miseria, es decir, abandonados a la merced del destino. Stalin y su era se han convertido, por así decirlo, en una alternativa a la vida moderna; en aquel entonces, en sus mentes, los ancianos de hoy en día realmente vivían en lugar de vivir vergonzosamente. Esta es la única forma de explicar los motivos de las personas que aún llevan retratos de Stalin en las manifestaciones. De lo contrario, adorar al líder es ceguera y sordera mentales, es decir, ignorancia. También podría agregar que los seres humanos fueron creados de tal manera que, por alguna razón, el pasado siempre parece mejor que el presente; el sol brillaba más y el cielo brillaba más azul en los años anteriores. Ya ves, Joseph, de hecho, todo es simple y, al mismo tiempo, difícil de lograr. Después de todo, si las personas son inteligentes y trabajadoras, su estado prosperará. Esta ecuación trivial es lo que compone la grandeza de la nación.

La conversación con el académico Yakushev dejó una impresión indeleble en Joseph. Pudo ver uno de los últimos bisontes de una era pasada. Probablemente era el único hombre de su magnitud que se había arrepentido de su pasado comunista e intentado hacer que el país diera la espalda a mil años de esclavitud para contemplar el amanecer de un futuro libre.

Capítulo 12

Tarde esa noche, un Boeing 747 llevaba a Joseph a América. El joven trataba de ordenar sus sentimientos mientras bebía lentamente whiskey. En Estados Unidos, su vida había sido relativamente tranquila, aunque un poco dura, pero siempre estable. Casi todo en ella era predecible en un noventa por ciento, y todo lo que se requería de él era cumplimiento, diligencia, fe en sus habilidades y cierto esfuerzo intelectual. En su país natal, Joseph experimentó el shock de noticias mortales y la atmósfera de desesperanza que lo invadió en cualquier lugar que iba. Quedó impactado hasta la médula por las circunstancias que llevaron a la muerte de sus amigos. El umbral emocional de Joseph era demasiado bajo para entender y aceptar todo. Como resultado, sufrió un colapso nervioso del que todavía no se daba cuenta porque estaba en un estado constante de tensión. Al empezar a relajarse poco a poco, se sumergió gradualmente en el abismo de la depresión severa.

Al llegar a casa, Joseph llamó a la oficina y les dijo que se sentía mal y que estaría ausente del trabajo durante varios días. Luego comenzó a experimentar dolores de cabeza insoportables. Su cuerpo se negaba a obedecer y parecía roto, su interés por la vida y el trabajo se había perdido. Joseph se encerró a sí mismo, no quería ver a nadie, no contestaba el teléfono y no permitía que sus padres vinieran desde Florida a visitarlo. La única persona en la casa era la empleada doméstica, que limpiaba, hacía las compras y cocinaba. No tenía apetito, y el hombre perdió una cantidad significativa de peso durante la semana. Dejó de cuidarse y no salía. Amigos y compañeros de trabajo, a quienes contestaba sin ánimo el teléfono, lo urgían a ver a médicos y psicoanalistas, pero todo fue en vano. La indiferencia hacia todo se volvió total. Joseph se aisló en su habitación y por horas miraba fijamente al techo.

Era el octavo día de su encierro voluntario, y durante ese tiempo Joseph no podía dormir normalmente. La tensión interior no le permitía relajarse. Todas esas noches las pasó en un estado semiconsciente, distinguiendo incluso los ruidos y sonidos nocturnos afuera de la ventana. Cada vez que oscurecía comenzaba una nueva ronda de tormento. No era ni siquiera insomnio, sino una especie de delirio. Estaba delirando y eso era tortura. Cada mañana se despertaba exhausto y roto.

Esa noche no era diferente a las anteriores. Era luna llena. Las cortinas de las ventanas permanecían abiertas. Había una enorme luna redonda colgando justo frente a sus ojos, iluminando brillantemente la habitación.

A veces, los párpados de Joseph se abrían ligeramente, y no solo podía distinguir ruidos, sino que podía ver todo a su alrededor. Al principio, pensó que finalmente había logrado conciliar el sueño, ya que no había dormido desde su regreso. Pero algo estaba mal con este sueño que estaba teniendo... Este "algo" hizo que Joseph abriera los ojos bien y viera claramente a algunas personas a tres metros de distancia de él. No se asustó, no gritó, no se levantó de un salto, sino que continuó observándolos con asombro.

Los extraños parecían inusuales, vestidos con túnicas blancas que recordaban a las antiguas túnicas o togas. Recordó que tales ropas se usaban en los días de la antigua Grecia y Roma. Había cuatro hombres, tres con barbas y bigotes.

Joseph examinó de cerca al que no tenía vello facial: parecía un hindú. Otro se parecía a un árabe; los otros dos parecían judíos jasídicos de Borough Park.

(1 El barrio de Brooklyn, donde viven principalmente judíos ortodoxos).

Joseph se frotó los ojos una vez más y se pellizcó para asegurarse de que estaba despierto, pero aún estaba allí acostado.

Por último, el mayor de los extraños, el hombre de la larga barba, dio un paso adelante y habló en inglés claro:

- Honorable Joseph, nos complace darle la bienvenida a nuestra sociedad.

- ¿Quiénes son ustedes? - dijo Joseph, pero no escuchó su propia voz, aunque estaba seguro de haber pronunciado las palabras.

- Los mensajeros del Todopoderoso, Buda, Mahoma, Jesús y yo, Moisés, estamos frente a ti.

Fue solo ahora cuando Joseph se dio cuenta, con asombro, de que los más grandes profetas religiosos e incluso el hijo de Dios, Jesucristo, estaban parados frente a él.

- ¿Por qué debería tener tal honor? - solo pudo susurrar.

- Hermano, estamos aquí para decirte que eres elegido como nuestro próximo mensajero por nuestro Creador Supremo, que creó todas las cosas visibles e invisibles. Tu predecesor fue nuestro venerable hermano Mahoma, quien entregó la palabra de Dios a las personas hace trece siglos. Ahora escúchanos atentamente.

Toda la historia de la humanidad es su camino hacia el Creador. Y vemos lo difícil que ha sido, es y seguirá siendo ese camino para la humanidad.

Tú sabes cómo todo comenzó. Nuestro Creador primero escogió al pueblo judío y se reveló a ellos primero a través de Abraham, diciéndoles a quién debían obedecer y a quién debían orar. Luego el Todopoderoso se me apareció a mí y me entregó las Tablas con los Diez Mandamientos. Era la ley por la cual mi pueblo debía vivir. De lo contrario, los judíos iban a perecer. Pero durante los siguientes tres mil años, se comportaron de manera poco sabia, a menudo rompiendo los mandamientos de Dios, con el resultado de que Dios permitió que los enemigos de Israel dispersaran sus doce tribus y se llevaran la Tierra Santa, entregada desde lo alto.

Pasó el tiempo. Dios escogió a un nuevo mensajero, Jesús de Nazaret, y le dio Su Palabra. Los judíos consideraron este acto como una traición a su Fe y a su Dios por parte de Jesús. No tenían idea de que su Dios era el Dios de toda la humanidad, ya que no había nadie más. Los judíos pensaban que Jesús se había apartado del camino recto y quería relegar a la gente a la herejía. Pero ese era verdaderamente el plan de Dios, el plan del mismo Dios que me dio a mí, Moisés, las tablas sagradas, porque no hay Creador sino un solo Dios.

Y eso es lo que sucedió. Muchas naciones gentiles se impregnaron de la Palabra de Dios, sus mandamientos, y lo más importante, se convirtieron en monoteístas. Así es como las diferentes naciones llegaron a conocer a Dios a través de Jesucristo. Este era el plan de Dios: abrir los ojos de la humanidad, inspirar en sus almas la verdadera fe en el Único Creador. Unos siglos más tarde, el Todopoderoso escogió a otro mensajero, el Honorable Muhammad, y le dio Su Palabra para aquellos pueblos que todavía no sabían acerca de la existencia del Único Dios.

¿Qué vemos ahora? Casi toda la humanidad cree en un Único Creador, pero hay varias religiones en el mundo, cada una afirmando la verdad de su propio Dios y señalando el error de los demás. "No hay otro Dios más que Allah" fue una gran verdad para los gentiles en Arabia. Pero hoy en día la verdad es clara: el Dios judío, el Dios cristiano, Allah en el Islam, y el Todopoderoso, que llevó la iluminación al Venerable Buda, son uno y el mismo Creador, el Único Creador de todo lo que existe. Todos somos hijos del mismo Dios, porque el mundo es Dios, nuestro Creador-Padre. Todos somos partes del mismo todo, cuyo centro es el Único Supremo que nos creó.

Y tú, querido hermano Joseph, has sido elegido por el Todopoderoso para ser el nuevo mensajero de Dios. Dios te ha confiado la misión de llevar a la gente lo que acabo de decirte, esta verdad absoluta, esta fe en el Dios Único e Indivisible de todos y todo.

Joseph sintió un fuego encenderse dentro de él. Todo su cuerpo ardía: sus manos, su rostro, su estómago, sus pies, le pareció que estaba a punto de encenderse y quemarse. Estaba a punto de desmayarse cuando el hombre que parecía Jesús se acercó y tocó ligeramente su frente con la palma de su mano. Joseph sintió de inmediato que la fiebre comenzaba a ceder y era reemplazada por una frescura bienaventurada. Abrió de nuevo los ojos. Su cuerpo no había sentido una elevación como ésta desde hacía mucho tiempo. Los profetas miraron a su futuro compañero con preocupación, como esperando una respuesta.

- Pero ¿por qué yo? -preguntó Joseph sólo con los labios, como parecía a Joseph. - Tú sabes que soy de ascendencia judía, y no muchas personas me escucharán.

- ¡Este es el plan de Dios, y no nos corresponde discutirlo! -exclamó Moisés. - El Todopoderoso te ha elegido, como representante del pueblo judío, para llevar toda la responsabilidad de la fe en un solo Dios, porque Dios eligió primero a tu pueblo, recompensándolos con la fe en sí mismo.

- Sí, pero ¿cómo voy a hacer eso? No puedo... -murmuró temerosamente.

- ¡Sí puedes! Dios mismo te ha elegido. Al igual que tú, éramos personas ordinarias, y él nos eligió. Tu misión en la tierra es terminar todas las guerras en la tierra! Esa es tu misión principal.

- ¿Qué? ¿Todas las guerras?

- Sí, convencerás a las naciones de que dejen de luchar entre sí.

- Pero eso... ...es fundamentalmente imposible.

- Tú puedes hacerlo, Joseph. Puedes detener el odio mutuo de las naciones. La gente finalmente se dará cuenta de que la Tierra es su hogar común, dado por el Todopoderoso. Todo está en manos de Dios. No te preocupes, hermano. Tendrás éxito, porque eres el elegido de Dios.

Después de estas palabras, Joseph cayó en un sueño profundo y cuando despertó, escuchó el teléfono sonar. Apenas pudo abrir los ojos porque había estado dormido por tanto tiempo. El teléfono se quedó en silencio, y Joseph siguió acostado con los ojos abiertos, mirando el techo.

No quedaba ni rastro del dolor de cabeza. Su cuerpo parecía haber sido liberado de algunas ataduras internas que lo habían estado presionando y evitando que respirara. Joseph sintió una energía interior que nunca había sentido antes. Era tan poderosa que sentía como si pudiera mover montañas.

De repente, el recuerdo de un sueño inusual lo golpeó y recordó con quién había estado hablando y a quién había visto. De repente, salió de la cama y caminó rápidamente por la habitación.

- "¿Qué fue eso? - Se preguntó por centésima vez.

- ¿Fue un sueño o una realidad? No, ¿de qué estoy hablando? ¿Qué realidad...? Fue solo un sueño. Pero, ¿cómo explico los cambios que me sucedieron? Me desperté como una persona completamente diferente".

Joseph realmente se sintió genial; el dolor, la depresión y la pesadez en su cabeza habían desaparecido. Había un deseo firme de vivir y actuar, y la confianza y la fuerza mental aumentaron cien veces. Su mente estaba tranquila, sintió una estabilidad y claridad de pensamiento sin precedentes. Joseph se dio cuenta de que se había convertido en el dueño de una idea que nunca antes se le había ocurrido.

- ¿Qué me había pasado realmente? ¿Realmente estaba sucediendo? ¿Y si soy el nuevo Mesías en la Tierra, que traerá a las personas la próxima profecía, el Nuevo Testamento del Todopoderoso? - susurró.

Joseph fue a la ventana y la abrió de par en par. El aire fresco tocó su rostro ardiente. Respiró profundamente y cerró los ojos mientras seguía disfrutando de la frescura. Cerró la ventana y se fue al espejo para mirarse. Todavía no se veía muy agradable: su rostro aún estaba pálido, una barba de una semana en sus mejillas, círculos negros bajo sus ojos por la falta de sueño y la ansiedad que lo había afectado. Pero sus ojos ya irradiaban calma, confianza y... amor. ¡Sí, de verdad! Se miró a sí mismo y vio que sus ojos estaban llenos de amor.

Eran alrededor de las once de la mañana. Joseph fue rápidamente al baño, se duchó, se afeitó, se limpió y condujo al trabajo. Respondiendo numerosos saludos y preguntas sobre su bienestar en el camino, entró en la oficina del presidente de la empresa. Desde el umbral, sorprendió al jefe pidiéndole que lo reemplazara con su subalterno. Este paso fue justificado por el reciente gerente general de la empresa por el hecho de que necesitaba más tiempo libre para llevar a cabo una misión extremadamente importante, que pronto se anunciaría públicamente. El discurso de Joseph parecía tan convincente, tranquilo y al mismo tiempo irradiando amor y respeto, que era difícil contradecirlo. Al contrario, él quería hacer todo lo posible para ayudar a un hombre así de alguna manera.

Capítulo 13

Eventualmente, el presidente no se opuso, pero simplemente lamentó que un profesional altamente calificado renunciara a un puesto que sin duda merecía. Después de que Joseph dejó su oficina, el jefe estuvo en un estado de estupor por un tiempo, bajo el hechizo de su ahora ex empleado.

Lo primero que hizo Joseph fue sentarse en su escritorio y escribir el "Manifiesto Divino". El resultado fue un breve texto, un llamado a toda la humanidad.

Joseph tenía su propio sitio web, donde lo publicó con la esperanza de que alguien respondiera.

Tenía el siguiente texto:

¡UN MENSAJE A LA HUMANIDAD!

Yo, Joseph, he sido elegido por el Todopoderoso y el Gobernante Supremo del universo como mensajero para toda la humanidad. Recibí este mensaje de Dios a través de sus profetas, Moisés, Buda, Jesús y Mahoma.

¡Hermanos y hermanas! Les doy el verdadero mensaje de Dios con las bendiciones de sus antiguos mensajeros. Mi misión es derribar las barreras creadas por las religiones entre las personas y las naciones.

Les digo, ¡la gente tiene una sola Fe! Es la Fe en el único Dios verdadero. Dios, el Todopoderoso Creador, nunca dividió a la gente por color o nacionalidad. El Todopoderoso Dios creó las piedras y les dio vida, lo que fue el comienzo de la naturaleza muerta y viva, que se desarrolló según las leyes de Dios. Estas leyes han sido llamadas las leyes de la naturaleza o evolución por los científicos.

¡Oh, gente, busco alcanzar sus almas y abrir sus ojos a una verdad simple pero muy difícil de entender y aceptar!

¡Aquellos que tienen oídos, escuchen esto!

Todos caminamos bajo el mismo Dios, el Creador de todo. No entender o incluso rechazar esto es un gran malentendido que se remonta a la antigüedad.

Al principio, los judíos fueron elegidos por Dios como su pueblo. Luego, cada religión sucesiva afirmó que su Dios era el verdadero Dios, no aceptando la fe de otros en el Creador Único y creando así el mismo politeísmo en las mentes de los creyentes que era común entre los gentiles. ¡Este es el pecado más grande! Y Dios siempre ha castigado y siempre castigará a la humanidad mientras crean en "dioses diferentes". Este es el mayor error y el mayor pecado de la humanidad, que aún no ha llegado al Creador Único.

Dios tuvo cuatro acuerdos importantes con la humanidad:

1. El acuerdo con Israel a través del profeta Moisés.
2. El acuerdo con Buda.
3. El acuerdo con Jesucristo.
4. El acuerdo con Mahoma.

El quinto acuerdo se hizo conmigo a través de los profetas benditos. ¡Gente, esto se hizo en nombre de salvar al mundo del gran pecado de la lucha étnica y el odio!

Les hablo en el umbral de otra catástrofe, ¡porque me han enviado a ustedes para evitarla! Satanás quiere destruirnos, arruinarnos dividiéndonos y enfrentándonos unos contra otros. Satanás está sembrando dudas en nuestras almas sobre la posibilidad de unir a todas las naciones y razas, adorando al Único Creador que es uno para todos.

¡Recuerden! Dividir es un gran pecado, y aquellos que dividen y conquistan son grandes pecadores.

Nosotros, los seres humanos, necesitamos desesperadamente respeto y comprensión, porque esta es la única forma de prevenir catástrofes y lograr la paz.

La gente todavía no puede entender que nuestro planeta es una patria compartida y que la paz es su armonía espiritual. La Sagrada Escritura dice: "Entrad por la puerta estrecha; porque ancha es la puerta y espacioso el camino que lleva a la perdición, y muchos son los que entran por ella; porque estrecha es la puerta y angosto el camino que lleva a la vida, y pocos son los que lo encuentran".

Los creyentes obedecen los mandamientos de Dios, y el amor hacia los demás es uno de ellos. Pero ahora estoy hablando de la relación entre naciones. Aquí, los creyentes damos a Dios la gratitud por el respeto que debemos tener hacia los demás. Las personas de diferentes culturas y religiones deben unirse en sus esfuerzos por hacer comprender al mundo la importancia de la aceptación interétnica. No es en vano que el filósofo Spinoza dijera: "No reír, no llorar, no maldecir - sino entender". Esto es lo que debe dominar el pensamiento humano, ¡esto es lo que es la clave del respeto!

El respeto que predico significa una sola cosa: hacer por los demás lo que esperas para ti mismo. Esta es la única moralidad interétnica posible que ayudará a la humanidad a ser unida y pacífica.

Durante miles de años, el Todopoderoso ha elegido mensajeros que trajeron a la gente la fe en el Creador. A través de ella, la gente se impregnó de sabiduría y amor, paz y justicia, moralidad y bondad. Así, gradualmente, el Señor fortaleció y expandió sus fortalezas entre la creciente población. Y ahora la mayoría de la humanidad cree en un solo Dios.

¡Se acerca un tiempo de cambio! La gente, dividida por la religión y la discordia, vendrá a la fe en un solo Dios. Porque no hay otro Dios que el que creó el universo. El Creador es el mismo para judíos, cristianos, musulmanes, hindúes, budistas, escépticos y ateos. Después de darse cuenta de esta simple verdad, las naciones deben mirarse entre sí de una manera nueva.

Mis hermanos y hermanas, si creemos en el mismo Creador, ¿qué puede separarnos? ¿Qué barreras religiosas, tradiciones y costumbres? ¿Qué o quién es más importante que el Creador? ¡Nada ni nadie! Dios creó el *orden del mundo, ¡y el objetivo humano más alto es conocer a Dios, seguirlo y fusionarse con él! Esto es el significado de la existencia y la felicidad para los seres humanos.*

¡No te estoy pidiendo que te vuelvas igual! ¡No! Solo estoy pidiendo a las personas de diferentes religiones y confesiones que dejen de verse mutuamente como enemigos o incrédulos, y que se vean como *co-creyentes, es decir, como monoteístas.*

En el respeto de una nación por otra está la Fe en un solo Dios, porque creen en el mismo Creador. Solo creyendo en un solo Dios puede la humanidad estar unida. ¡Cada nación es digna de respeto! Hay personas malas y buenas, pero no hay naciones malas.

Esta es la nueva religión: ¡la religión de las naciones del mundo! Esta es la Fe en el Único Dios, estas son las naciones que creen en el Único Todopoderoso.

Si cada religión enseña a sus seguidores a respetar a otras naciones, contribuirá a su acercamiento y puede garantizar una convivencia pacífica en la Tierra.

¡Gente, al borde de una posible catástrofe, les suplico que nunca vuelvan a repetir los horrores del siglo XX! Porque necesitamos paz y respeto en este planeta único. Nuestro Todopoderoso puede tener diferentes nombres, porque las naciones hablan diferentes idiomas. Puede llamarse Jehová, Alá, Brahman, Dios, pero Él es un Creador para todos.

¡Impregnémonos con la idea del respeto mutuo y la convivencia pacífica! La humanidad está experimentando una gran crisis espiritual, diferentes religiones nos enfrentan entre nosotros, y la gente está perdiendo rápidamente la fe en su futuro brillante y en el significado de su propósito importante. ¡Una carga inexorable de violencia y miedo se coloca en cada alma! A través del camino del pecado, el mundo humano ha llegado al borde de un abismo, está completamente poseído por un abismo que lo llama a un paso fatal. ¡Y se me ha enviado a ustedes con un solo propósito: resistir esta locura!

Пришла очередь для всех тех, кто осознаёт этот кризис и считает возможным выйти из него, дабы сплотиться и начать проповедовать людям Новую Религию, основанную на Вере в Единого Бога, открывающую человечеству прекрасное будущее, где будут царить уважение и мир Только эта Вера спасёт наших потомков от смерти и сохранит Единое Человечество.

Escúchame y recuerda, ¡la Nueva Fe es UNA HUMANIDAD adorando a UN SOLO DIOS! Esta es la fe que llevará a la PAZ y al RESPETO EN LA TIERRA.

La sociedad de hoy está en un declive tan precipitado que puede destruir y arrastrar todo lo que Dios ha creado en la Tierra con Su mayor misericordia. Los humanos no tienen ni la inteligencia ni la voluntad para cortar el cordón umbilical que los une a Satanás. Y lo más importante, no tienen fe en la posibilidad misma de su victoria sobre las fuerzas oscuras, sin la cual la unidad y la hermandad de la humanidad son impensables. Y solo una nueva fe en un Creador Único, que tome posesión de los corazones y pensamientos de todos los pueblos, puede llevar a la formación de Una Humanidad.

Soy llamado por nuestro Señor para llevar esta fe a las naciones, como lo hicieron Buda, Moisés, Cristo, Mahoma y otros profetas. Soy llamado a crear una imagen de Una Humanidad, como el Gran Hijo de Dios. Sin esta fe, la comunidad humana perecerá.

El Único Dios pondrá fin a la división de iglesias y pueblos, al politeísmo y al paganismo, a las continuas luchas y enemistades por territorios y recursos. ¡Que el Único y Universal Dios se encarne en nuestra unidad global! La globalización es el plan de Dios, y solo la humanidad unida puede llevarla a un final pacífico.

Yo, José, les traigo a ustedes, personas, un nuevo Manifiesto Divino, cuyo propósito es Una Humanidad y una paz universal permanente en la Tierra. Debemos tomar el camino que conduce al fin de las guerras sociales, políticas, religiosas y étnicas. Este es el objetivo principal de toda la humanidad.

Para avanzar hacia él, es necesario alcanzar una comprensión entre las naciones. Para lograr esta comprensión, yo, José, propongo tres principios fundamentales de la Nueva Fe:

1. *Todos nosotros, los seres humanos, tenemos un alma, que es una parte del Espíritu de Dios.*

2. *Todos nosotros, los seres humanos, tenemos un hogar: nuestra Tierra.*

3. *Todos nosotros, los seres humanos, tenemos fe en el Único Todopoderoso.*

¡Estos son los tres principales principios, la fe en los cuales llevará a Una Humanidad y paz en la Tierra!

Al día siguiente, el sitio web de José comenzó a recibir comentarios de todo el mundo. Apenas tuvo tiempo de revisarlos, ya que el número de respuestas era tan grande.

Un par de días después, recibió una llamada de David. Quedó impresionado por el poder y la claridad de las palabras del Manifiesto Divino, y decidió estar al lado de José y seguirlo hasta el final.

Al principio, José estaba confundido por este entusiasmo por parte de un extraño que nunca lo había visto ni conocido.

Al día siguiente acordaron reunirse.

Un hombre joven en sus treintas, con barba corta y gafas ópticas, llegó a la hora acordada. Anticipándose a las preguntas habituales, David extendió su currículum, como si estuviera preparándose para solicitar un trabajo.

El currículum indicaba que había nacido en Memphis, Tennessee, en 1972. Su padre, un judío no religioso, era profesor de matemáticas en una universidad local y había fallecido el año anterior de un ataque al corazón. Su madre, una mujer judía, era maestra de escuela primaria, ahora jubilada y viviendo en Memphis. David era el único hijo de la familia y se graduó de la Universidad de Princeton. Actualmente viviendo en Princeton, enseñaba en el departamento de filosofía.

(1 Una de las universidades más prestigiosas de Estados Unidos, una de las ocho universidades Ivy League y una de las nueve universidades coloniales fundadas antes de la Revolución Americana de 1775-1783.)

- ¿Así que has decidido dedicar tu vida a la Nueva Fe, que tiene como objetivo unir a toda la humanidad?

- Sí, estoy listo para eso.

- ¿Qué pasa con tu carrera profesional? ¿Estás dispuesto a sacrificarla?

- Al contrario, creo que mi profesión me ayudará a llegar a los corazones y abrir los ojos de las personas. No soy una persona de carrera.

- ¿Qué pasa si tienes que renunciar a todo y dedicarte completamente al culto? ¿Lo harías?

- Sí, lo haría, ¡incluso ahora! Por supuesto, si estás de acuerdo... Después de una pausa, añadió:

- El único problema es mi situación financiera. El hecho es que vivo con el salario de mi trabajo y no tengo ahorros. Si pierdo mi trabajo, no tendré nada para vivir.

- No te preocupes, se puede solucionar. Tengo ciertas capacidades financieras. Así que no tienes que preocuparte por eso.

- En ese caso, estoy a tus órdenes. Después de pensarlo un rato, Joseph aceptó:

-Bueno, intentemos llevar a cabo la misión que el Todopoderoso me ha asignado.

Joseph y David alquilaron una pequeña habitación en Manhattan y la acondicionaron como oficina. Por una generosa tarifa, contrataron a varios programadores para crear sitios web altamente profesionales donde se publicó el Divino Manifiesto. Ahora la gente de todo el mundo podía conocer plenamente los postulados de la Nueva Fe.

José y David recibieron miles de correos electrónicos de fanáticos entusiastas. José se hizo conocido en todo el mundo. El clero, políticos y hombres de negocios empezaron a hablar de él y sus enseñanzas; hubo una inundación de periodistas. Neófitos de todos los rincones del mundo vinieron a escuchar a su Mesías y obtener su bendición. Se comenzaron a construir templos para la Nueva Fe en muchos países de Europa, Asia, África y las dos Américas. La gente, impregnada de la proclamación de José, comenzó a llamarse monoteístas y eligió como significado de su adoración la predicación de la salvación a la población de la Tierra creando una Humanidad Unida que cree en un Solo Dios.

Por supuesto, las instituciones religiosas del mundo, iglesias, sinagogas y mezquitas, estigmatizaron estas actividades como voluntaristas y heréticas, y José fue proclamado un impostor que cometió el pecado de declararse un nuevo mensajero de Dios. Los líderes religiosos musulmanes recordaron al mundo una vez más que el último profeta fue el gran Mahoma, y que el mundo había conocido muchos falsos mensajeros a lo largo de los trece siglos.

Pero el sabio Alá siempre ha puesto todo en su lugar correcto. Así que en este caso, también, los teólogos musulmanes aseguraron a su rebaño.

A pesar de los comentarios extremadamente negativos de los corifeos religiosos, las enseñanzas de José se estaban volviendo cada vez más populares día a día, y el número de sus seguidores estaba multiplicándose. En la era de la globalización, la última tecnología de la información y la World Wide Web se han convertido en un sustituto digno de los viajes misioneros de eras anteriores. Decenas de voluntarios locales difundieron la Nueva Fe entre la población. Y por mucho que el Vaticano, Jerusalén o el clero del Este intentaran, no pudieron detener el rápido crecimiento del movimiento religioso, que unió incluso a la parte más educada de la sociedad: la élite intelectual.

Estas personas, acostumbradas a analizar y pensar de manera independiente sobre cada fenómeno, libres de la opresión de los estereotipos, estaban más dispuestas a creer en el Creador de Mundos y en el Arquitecto del Universo que en los libros sagrados presentados como revelaciones divinas.

Un giro de los acontecimientos así no era inesperado, en general. Las guerras y la crueldad, la depravación y la inconstancia demostraron que los gobernantes, políticos e incluso las Naciones Unidas no podían hacer frente. El mundo moderno ha llegado a extremos de paciencia con la injusticia y el sufrimiento que la humanidad no ha conocido en milenios de desarrollo. Incluso después de dos de las guerras más devastadoras que se han cobrado la vida de decenas de millones, seguimos viendo la persistente propagación del mal, especialmente entre los niños y los jóvenes.

- "¿Podemos alguna vez poner fin a esta falta de ley y tormento humano?" - preguntaron los monoteístas en sus sermones y respondieron con confianza, "¡Sí, podemos!"

Como resultado, la gente se impregnó del objetivo supremo de una religión mundial como la única forma posible de armonizar la vida en el planeta. Hasta ahora, la humanidad ha intentado cambiar el mundo de diferentes maneras, pero la esencia de la pregunta era diferente: preservarlo. El Creador no permitirá que bárbaros imprudentes usen armas nucleares para destruir su gran creación, la Tierra. Y los seguidores de la Nueva Fe lo ayudarán en esto. Aquellos que creen en su Creador son capaces de detener las fuerzas del mal y entrar en el sistema pacífico de Dios, donde prevalecerá la igualdad y la justicia. La unidad salvará a la humanidad.

Capítulo 14

El número de seguidores de las enseñanzas de Joseph creció exponencialmente, y pronto la comunicación a través de Internet no fue suficiente. David, quien se encargaba de los asuntos organizativos, comenzó a negociar con las autoridades de la ciudad de Nueva York sobre un lugar para hablar en público. Después de largas negociaciones, los líderes de la ciudad dieron permiso.

Fue la primera aparición pública de Joseph a tal escala.

El evento estaba programado para llevarse a cabo en el estadio más grande de la ciudad, ubicado en el sur del Bronx y propiedad del famoso equipo de béisbol Yankees. Sin embargo, el enorme edificio, que tenía una capacidad para 57,000 personas, no podía acomodar a todos los que deseaban asistir. Se instalaron micrófonos en todas partes entre las filas para que la audiencia tuviera la oportunidad de hacer preguntas.

Joseph comenzó con un breve saludo, agradeciendo al alcalde de la ciudad por la oportunidad de comunicarse con la gente a gran escala.

- Me gustaría estructurar mi primer discurso de una manera algo poco convencional. Creo que la mayoría de los presentes aquí están familiarizados con mis enseñanzas, y no perderé su tiempo repitiendo verdades que ya se conocen. Por lo tanto, ¡les pido que comiencen a hacer preguntas de inmediato! Luego podemos tener un intercambio productivo de opiniones.

La primera pregunta fue planteada por el Sr. Robinson, un "no creyente de Nueva Jersey", como se presentó:

- Considero que tus enseñanzas son solo otra utopía sin sentido, como el comunismo o cualquier otra religión que llama a la gente a través de la fe para que venga al amor y la hermandad. ¡Ninguno de esto es factible, porque la naturaleza humana es fundamentalmente animal! ¡El odio y el rencor siempre nos unirán!

A esta reprimenda enojada, Joseph decidió responder lo siguiente:

- La verdadera fe no es utopía. Puede mover montañas. Sí, vemos que incluso dentro de una religión hay desacuerdos aparentemente insuperables, incluso llegando al punto de que los creyentes maten a sus semejantes. Y eso es realmente terrible. Pero observe que el conflicto entre diferentes religiones e incluso civilizaciones se percibe de manera bastante natural. Por ejemplo, la confrontación entre los cristianos e Israel con el mundo musulmán ha sido algo común, ¡algo natural! Tal realidad crea una sensación de desesperanza en el camino hacia nuestro objetivo. Pero estoy convencido de que la fe en un solo Dios es la única cura para la humanidad enferma. Creer en la verdad obvia, que Dios es uno para todas las personas de este mundo, ayudará a aliviar las enormes tensiones que se han acumulado durante siglos. Los desacuerdos intra-religiosos inducidos por líderes espirituales se volverán marginales y, con el tiempo, localizados y disminuirán. La paz se extenderá por la tierra, y así habrá menos brotes de odio y maldad. Como dijo el gran Zhuang Tzu: "Oculta el mundo en el mundo y no tendrá a donde ir".

- Querido Joseph, ¿por qué todos los profetas, con la excepción de Buda, eran de origen judío? Después de todo, incluso Mahoma es un pariente lejano de los judíos. Su ancestro Ismael era el hijo de Abraham, el antepasado de los judíos.

- Fue la voluntad de Dios que los judíos cumplieran la misión que Dios una vez dio a su pueblo elegido, que era llevar la idea del Dios único a todas las personas. Así, Abraham y su pueblo creyeron en nuestro Creador y se lo contaron a los demás. Dios me dijo que trajera al mundo la buena noticia de la venida de la Unidad y la Fraternidad de aquellos que creen en un solo Dios.

- Y tú, querido Joseph, ¿qué piensas de Cristo? ¿Es él el Hijo de Dios o no?

- No cuestiono de ninguna manera la naturaleza divina del nacimiento de Jesús de Nazaret. Pero Cristo no es único en este aspecto, porque cada persona posee una esencia divina. Todos tenemos una parte de Dios en nosotros. El alma humana es una pequeña partícula del Creador. Jesús fue el mayor ejemplo para nosotros de cómo se debe realizar la chispa latente del Señor. Es otra cuestión que algunos puedan o no darse cuenta. ¡Pero Dios está en todos nosotros y todos estamos en Dios! Por eso, Buda, Mahoma y Moisés son, en primer lugar, hijos de Dios. Dios eligió a estos hombres por encima de todos los demás y los hizo guías de su palabra. Pero Cristo, de acuerdo con su voluntad, se sacrificó a sí mismo para expiar nuestros pecados. Dios sacrificó a su Hijo para que las personas finalmente se dieran cuenta y comenzaran a vivir de acuerdo con los mandamientos de Dios, que son la herencia no solo del pueblo judío, sino de toda la humanidad.

Han pasado dos mil años desde entonces y el resultado de ese sacrificio es evidente. A través de Cristo, más de mil quinientos millones de personas han creído en los mandamientos sagrados. Otros mil quinientos millones de musulmanes aceptaron al Dios único a través de su mensajero Mahoma. De hecho, los seguidores del sabio Buda, que fue iluminado por el mismo Dios, también creyeron en los mismos mandamientos de Dios. La fe en las enseñanzas de estos grandes mentores de la humanidad no ha disminuido en siglos. ¡Piénsalo, miles de millones los han creído durante miles de años!

- ¿Cómo difiere tu enseñanza de la de Jesucristo?

- Ahora, por la voluntad de Dios, hay una era de integración de la Fe humana, que creará una nueva religión de la humanidad. De hecho, no hay nada nuevo al respecto. La fe en el Dios Universal siempre ha estado presente. Solo es necesario comprender que el Dios en quien creen individualmente pertenece a todas las personas en la Tierra. ¡El Creador es el mismo para todos! Nos llamamos monoteístas, lo que significa que creemos en un solo Dios. Necesitamos una Fe consciente, como los budistas creen, por ejemplo. Y las religiones deben tomar lo mejor de cada una: amor y perdón de los cristianos, sabiduría de los budistas, conocimiento y alfabetización de los judíos, y paciencia y respeto de los musulmanes.

Todos ustedes están familiarizados con el dicho bíblico: "Ama a tu prójimo como a ti mismo". No me atrevería a pedirles tanto. Les pido y ruego que respeten el derecho de su prójimo a ser ellos mismos. Dios nos ha enseñado el pensamiento más sabio: Lo que no deseas para ti, no lo desees para otro. Esto también se aplica a las relaciones interétnicas.

- ¿Tienes alguna prueba de que no eres solo otro impostor o loco que decidió hacerse famoso? En otras palabras, ¡la gente quiere un milagro!

- ¿Un milagro? ¡Lo tendrán! El primer paso para la creación de la Humanidad Unida es una resolución justa de todos los conflictos interétnicos, interreligiosos e interestatales en la Tierra. ¡Y sucederá muy pronto! ¿No es un milagro? Mostraremos al mundo que nuestra Fe no es declarativa o utópica, sino capaz de acción activa. La probaremos primero resolviendo los conflictos étnicos de manera justa para todas las partes en conflicto. ¡El mundo quedará convencido de su poder! Les insto a todos, personas, a unirse bajo el nombre de nuestro Creador Universal y comprender que no hay engaño en mis palabras.

Capítulo 15

Al anunciar su intención de reconciliar a las naciones en guerra, Joseph hizo que muchas personas pensaran en una vida mejor. Personas que habían perdido la confianza en la autoridad querían tener esperanza.

Joseph tenía un plan de acción claro. Demasiado resentimiento y odio se habían acumulado debido a la larga confrontación sobre los territorios en disputa. Estas tierras se habían convertido en una herida profunda y sangrante en el cuerpo del planeta, y ahora no podían ser entregadas a ninguna de las partes o divididas entre ambas. Se necesitó tiempo para que estas heridas sanaran. Se necesitaba un período de transición. Durante este tiempo, la zona de conflicto debía convertirse en una zona:

1. desmilitarizada

2. una zona económica libre.

El estado de transición estaba previsto que durara unos diez a quince años. Durante ese tiempo, la zona estaría directamente subordinada a sociedades internacionales, como las Naciones Unidas o la Unión Europea, y estaría bajo el control de fuerzas internacionales de seguridad, como las fuerzas de mantenimiento de la paz de las Naciones Unidas. Este territorio económico libre estaría autorizado para aceptar a todos los refugiados de ambas partes que desearan regresar a su tierra natal.

Un evento histórico en el reconocimiento y la popularización de las enseñanzas de Joseph fue la llegada de un joven profesor de teología de la Universidad de Alejandría, Tahir Abduh, de Egipto a Nueva York. Fue nombrado en honor a Tapahi Tahir Abduh, el gran científico religioso egipcio, jurista y reformador liberal de finales del siglo XIX, que soñaba con modernizar las instituciones musulmanas y abogaba por la separación de la política de la reforma religiosa.

El joven Tahir Abduh también abogaba por la reforma de las disposiciones más ortodoxas de la Sharia que impedían el desarrollo adecuado de los musulmanes en el mundo moderno, y era conocido como una oveja negra entre sus colegas. Cuando Abduh se enteró por primera vez de Joseph, supo que era una señal del cielo. Abandonando su trabajo y seres queridos y dejando su hogar, se dirigió a otro continente. Como David, el joven teólogo aceptó dedicarse a la nueva enseñanza, porque estaba convencido de que la Nueva Fe era la única forma de transformar a la humanidad, al borde de la destrucción mutua, en una familia unida.

Joseph lo apreció desde el primer momento en que lo conoció. Era un joven inteligente y enérgico de treinta y ocho años, con una pequeña barba ligeramente tocada de gris. Aparentemente, Dios mismo había enviado a Joseph tal compañero, soñando, como su gran predecesor, con la reforma del Islam.

Tahir se involucró de inmediato en el trabajo. Viajó a países musulmanes y se reunió con líderes religiosos. Pocas personas lo entendieron y pocos lo aceptaron, a veces incluso amenazándolo físicamente.

Cada vez que Joseph le pedía que no visitara regiones peligrosas, Tahir simplemente lo ignoraba, diciendo que sentarse en Nueva York no lograría nada.

Un día, David entró en la oficina de Joseph y le entregó una invitación oficial para hablar en Jerusalén.

- ¡Muchas personas en la ciudad santa quieren escucharte, Joseph! Creo que es muy simbólico que hayas recibido tu primera invitación para predicar públicamente en el extranjero desde este lugar sagrado.

Joseph aceptó la invitación con gran alegría y entusiasmo. Esta era la primera vez que iba a Israel. Joseph quería hablar en un estadio donde se invitaran a judíos y palestinos y donde hubiera interpretación simultánea del inglés al hebreo y al árabe.

En el Aeropuerto Internacional Ben Gurión, Joseph y sus amigos fueron recibidos por el gobierno de la ciudad de Tel Aviv. La reunión fue muy cálida, y después de unas horas, los invitados fueron llevados a Jerusalén, donde descansarían antes del evento de mañana.

El enorme Estadio Teddy, nombrado así en honor al exalcalde Teddy Kollek, estaba ubicado en la nueva parte de la ciudad y podía acomodar a unas 22,000 personas.

Se construyó un escenario alto con micrófonos en el centro del campo de fútbol. Allí se instalaron cuatro pantallas gigantes para la traducción simultánea.

La multitud estaba llena a capacidad y no había un solo espacio disponible. Todo el espacio estaba ocupado por multitudes de personas. Parecía como si toda la fuerza policial de Israel hubiera llegado. Las autoridades temían un ataque terrorista.

- Dios ha dispuesto, comenzó Joseph, que todo en el mundo tiene su turno. Y el Rey Salomón fue solo un genio que dijo: Todas las cosas tienen su tiempo.

¡Hermanos y hermanas, se acerca la era de la Única Fe de la humanidad! Durante muchos siglos, la gente ha estado caminando lentamente pero segura hacia Dios, hacia su Origen, porque Dios es el Creador, el origen del universo, y el universo es el descendiente de la Fuente Divina. ¡Ha llegado el momento de una nueva etapa del camino!

¿Por qué Dios ha elegido nuestro tiempo? ¡Porque la humanidad está en peligro! Por supuesto, el concepto de tiempo no tiene nada que ver con eso. ¡El peligro viene de nosotros! La humanidad se vuelve suicida e intenta destruir esta creación única de Dios.

Puedes ver lo que está sucediendo a nuestro alrededor. Los políticos asustan a la gente con conflictos de civilizaciones, que son pintados artificialmente con colores religiosos. Los cristianos tienen miedo de los musulmanes. Los musulmanes tienen miedo del Occidente y del Sionismo. Los cristianos y los musulmanes tienen miedo de los asiáticos. Pero nosotros, los creyentes en el Dios Único, ¡podemos prevenir los próximos conflictos internacionales e interreligiosos! Permíteme darte un ejemplo. Los cristianos y los judíos creen que Allah es el Dios de los musulmanes. Pero la verdad es que Allah es el nombre árabe para el Dios universal. El punto no está en términos de idioma, sino en que Allah, o Dios, o Brahman, es uno para todos nosotros.

De repente, alguien gritó en voz alta, aparentemente usando una trompeta:

- ¡Hermanos musulmanes! ¡No podemos creer lo que este judío dice!

Levantando su mano para indicar que había escuchado el comentario, Joseph continuó:

- Sí, soy judío por nacimiento. Pero recuerda que Jesús, quien predicó una nueva fe diferente a la fe judía, también era un judío étnico. Y sus discípulos, los apóstoles, eran judíos. Pero eso no les impidió desempeñar su papel.

Las numerosas naciones que abrazaron la fe islámica no preguntaron cuál era el origen de Muhammad. Todos son iguales ante el Todopoderoso. Para el Creador, todos los seres humanos son criaturas de Dios. Para ti, no soy un judío. Para ti, soy el portador de la Nueva Fe. ¡La fe en el Dios humano universal!

De hecho, comenzando con Abraham, el antepasado de la nación judía, la gente comenzó a creer en un Dios Todopoderoso. Y cada nueva religión pensó que era su Todopoderoso, y lo llamaron en su propio idioma: Dios, Allah, Jehová, Adenoya1, Brahman, Vishnu. Esto fue una ilusión. Porque el Todopoderoso es Uno, no importa cómo se le llame. Él es la fuente de todo en el universo, y no puede ser de nadie. ¡Él nos pertenece a todos, a toda la humanidad, incluso si individuos y naciones no son conscientes de ello! ¡Y todo le pertenece a Él!

(1 Uno de los nombres hebreos de Dios).

Gente, judíos y musulmanes, deberían saber que son hermanos, deberían saber que creen en el mismo Dios, ¡pero aún siguen peleando entre sí! Cuando estén convencidos de que realmente creen en un Dios, su enemistad será reemplazada por el respeto. Los palestinos, motivados por esta fe, detendrán a los militantes que han olvidado cómo crear y solo saben destruir. Entonces los judíos derribarán el muro entre los hermanos que han estado construyendo por tanto tiempo.

La voz hipnotizante y calmada de Joseph tocó el alma de todos los que lo escucharon. La gente quedó impresionada por su confianza, valentía y apertura. Su ferviente convicción fue transmitida a la audiencia, y todos aquellos presentes comenzaron a mirar los viejos problemas con renovada esperanza, dándose cuenta con asombro de que era posible vivir con los vecinos sin guerra y ataques terroristas. Estos fueron los primeros pensamientos de este tipo después de la creación del Estado de Israel, cuando los tiroteos, los asesinatos y las "limpiezas" de shahids eran algo cotidiano. Durante décadas, los países más poderosos del mundo han intentado resolver este conflicto, pero las partes se han negado a hacer concesiones. Y así, un hombre de origen judío apareció desde el otro lado del océano y testificó en nombre de Dios que él era el nuevo Mesías. No había venido del cielo, sino que había vivido entre los humanos, como los profetas antes que él, hasta que el Todopoderoso lo reprendió.

Alguien interrumpió a Joseph de nuevo gritando por el altavoz:

- ¡Como saben, el Dios judío castigó severamente al pueblo judío cuando Israel desobedeció! ¿Qué haría tu Dios?

- En aquellos lejanos días, Dios actuó de tal manera que se reveló a sí mismo al pueblo judío. Dios quería que la gente creyera en él, y envió el castigo divino por la incredulidad. Pero con la llegada de Cristo, Dios nunca más amenazó a la humanidad con la exterminación. Los humanos se destruyen a sí mismos. La humanidad se castiga a sí misma diariamente, porque todavía no ha llegado a la idea de un Universal, un Dios Todopoderoso. En realidad, la humanidad siempre ha sido una en su diversidad. Los seguidores de mis enseñanzas no se destruirán mutuamente con tanto odio, porque los monoteístas son personas de una fe en el Único Todopoderoso. A través de mí, Dios envía un mensaje de que ha llegado el momento de nuestra unificación religiosa.

Aquellos que no quieren paz en la tierra e intentan provocar conflictos dicen que las tradiciones judeocristianas e islámicas se oponen entre sí. De hecho, el islam, como el cristianismo, se originó en las profundidades del judaísmo y salió de él. Conceptualmente, el cristianismo y el islam se basan en el Antiguo Testamento, lo que significa que se basan en la Torá judía. Por lo tanto, es más correcto hablar de una tradición unificada judeocristiano-islámica.

Otra afirmación de que la civilización occidental es solo la descendencia de la tradición greco-romana también está lejos de la verdad. Por ejemplo, la civilización árabe ha contribuido mucho a la formación de la moderna civilización occidental. La ciencia, la medicina, la música y la poesía árabes han dado a la humanidad muchas nuevas ideas y obras maestras. Incluso si en algún momento de la historia las civilizaciones india y china se desarrollaron de manera autónoma del occidente, en los últimos siglos hemos visto una continua convergencia de la experiencia humana.

Por lo tanto, es incorrecto dividir el mundo en civilizaciones diferentes, especialmente si se oponen entre sí. Es más correcto creer que hay una sola civilización moderna en la Tierra. ¡Y se llama Civilización Humana! Solo se puede estar de acuerdo en que las diferentes naciones de esta civilización global se encuentran en diferentes etapas de desarrollo cultural, científico y tecnológico. La diversidad de culturas es la riqueza de toda la humanidad. No hay una civilización china o japonesa, solo tradiciones y cultura chinas o japonesas.

Nuestra fe está diseñada para unir a las naciones, no para sembrar discordia. Creemos en un Dios, que envió a través de sus profetas elegidos su Palabra de Dios a todas las personas de la Tierra. Y, por supuesto, sin esto, sin sus enseñanzas, la educación espiritual y moral de la humanidad no habría tenido éxito. Los monoteístas predican la idea de una humanidad unida con una fe común en un solo Dios. ¡Ese es nuestro objetivo!

La mayoría de las personas en el estadio, fascinadas por las ideas innovadoras de Joseph, escuchaban en silencio y asentían con la cabeza en acuerdo, sin estar seguras de por qué estaban tan inspiradas por sus discursos. Era extraño ver cómo israelíes y palestinos, de pie en la misma multitud, comenzaban a mirarse a sí mismos, a su vecino, al mundo entero con una perspectiva diferente.

- "¿Por qué todos están tan en paz?", se preguntaban interiormente. "¿Es realmente posible? Después de todo, hemos estado en guerra durante tanto tiempo…"

Todos parecían estar a punto de abrazarse y olvidar sus antiguas quejas.

Mientras tanto, Joseph continuaba:

- Insto a los líderes espirituales de todas las religiones del mundo a que comiencen a comunicarse entre sí lo más estrechamente posible. ¡El Todopoderoso quiere esto de nosotros! ¡La comprensión de que todos los creyentes del mundo adoran a un solo Dios puede ser el comienzo del camino que lleva a una sola humanidad! Cuanto antes la sociedad moderna se dé cuenta de esto, más sabia, pura y noble se volverá, y sobre todo, más se salvará de la autoaniquilación.

Todas las naciones son diferentes porque todos somos diferentes. Son diferentes solo porque una nación descubrió a Dios Uno e Indivisible antes que la otra, mientras que la otra todavía está en su camino. ¡Esa es la Providencia de Dios!

¡Una vez más, queremos alabar a la primera nación que se dio cuenta y creyó en el Dios del Mundo! Dios escogió a los judíos como pioneros con una gran misión: primero, entenderlo para ellos mismos; segundo, difundir este conocimiento a otras naciones.

La historia nos muestra cómo las naciones que aceptaron la Fe en un Solo Dios - con la ayuda de las enseñanzas de Moisés, Cristo, Mahoma, Buda - recibieron un impulso apasionado y poderoso para su desarrollo espiritual y material.

¡Ha llegado el momento y el Todopoderoso desea la unidad de la humanidad bajo Su gobierno! ¡Nos ama y todos lo necesitamos desesperadamente!

Si el cristianismo ha estado predicando el amor durante dos mil años, entonces nuestra Nueva Fe trae respeto y paz entre las naciones. Me doy cuenta de que es ingenuo esperar que cualquier nación ame a otra tanto como a sí misma. ¡Pero puede y debe respetarla! Dicen que hay un paso del amor al odio. Pero del respeto al odio, el camino es muy largo.

Algunas personas creen que el camino hacia la paz es a través de la guerra. Eso es lo que dicen: si quieres la paz, prepárate para la guerra. ¡No creo eso! Tal filosofía hace que la vida sea una cadena interminable de guerras. ¡Yo creo y te insto a que creas que el camino hacia la armonía en la tierra es a través de la adoración de la humanidad al Dios Único e Indivisible!

Capítulo 16

Incluso personas que antes no creían en Dios gradualmente comenzaron a unirse a la Nueva Fe. Su principal motivo era la preservación de la humanidad como género humano en la Tierra, la paz y la tranquilidad en el mundo.

El Vaticano comenzó a preocuparse por la subversión de las bases cristianas. El mundo musulmán, que hasta entonces había sido inamovible en cuestiones de los cánones de la Sharia y el Corán, ya no lo era. Por primera vez en la historia, había musulmanes que predicaban abiertamente la Nueva Fe. Y no estaban solos, el proceso adquirió un carácter masivo. El principal crédito por esto pertenecía a Joseph y Tahir.

Tahir Abduh se hizo cada vez más popular en el mundo espiritual de Oriente como predicador de la Nueva Fe. El número de sus seguidores aumentaba regularmente, y esto no podía sino perturbar al clero supremo de los países musulmanes. Con el poder de su fe y vitalidad, Tahir energizó incluso a los musulmanes sumisos y muy conservadores. Ya no eran los musulmanes solitarios de mente reformista, siempre considerados marginados y kafires,1 sino que los creyentes comunes se impregnaron de sus apasionadas proclamaciones.

(1 Kafir, o qafir, del árabe, "incrédulo", "no creyente".)

Después del sermón en Jerusalén, Joseph y sus amigos volaron a Nueva York, y el incansable Tahir viajó a Siria, donde fue invitado a hablar con los seguidores del Islam.

Al día siguiente, en la plaza principal de Damasco, una de las ciudades más antiguas del mundo, fundada, según la tradición, por Adán y Eva, Tahir pronunció el siguiente discurso:

- ¡Mis hermanos fieles! Hoy quiero hablarles sobre la importancia del diálogo, la comprensión y el acercamiento entre el mundo musulmán y Occidente.

Su discurso fue interrumpido de inmediato por una fuerte protesta:

- ¡Esta charla es una pérdida de tiempo! ¿Por qué necesita el rico Occidente a nosotros, decenas de millones de personas pobres y desamparadas? ¡Solo les interesan nuestros recursos naturales!

Una segunda voz lo apoyó:

- No estamos en el mismo camino que los infieles. ¡Y tú eres un apóstata! ¡Que seas condenado! ¡Arde en el infierno!

Esto es lo que la gente en la multitud gritó en respuesta a las palabras de Tahir. Abduh trató de continuar:

- Podemos aprender mucho de Occidente...

Pero fue inmediatamente contradicho con aún más fervor:

- ¡No tenemos nada que aprender de ellos! ¡Nuestros hijos y esposas no tienen nada que aprender de ellos! Allah ha dejado la parte del mundo donde el Diablo gobierna. ¡Se proporcionan condones en las escuelas, promoviendo... placeres carnales entre adolescentes! - Los fanáticos seguían gritando.

- Hermanos, ¡déjenme terminar! No todos en Occidente han perdido la fe en Dios. La mayoría de las personas comunes creen en el mismo Todopoderoso a quien ustedes honran también, ustedes, honorables musulmanes. El Corán dice: "Allah no os prohíbe que seáis justos y bondadosos con aquellos que no os han combatido por vuestra religión ni os han expulsado de vuestros hogares. En verdad, Allah ama a los justos". No se nos prohíbe comprender la siguiente aya1 en términos de equilibrar toda la lógica del Corán: "Quizás Dios decida establecer amistad entre vosotros y aquellos con quienes sois hostiles. Porque Él es el Todopoderoso, el Perdonador, el Misericordioso". Piénsenlo, si entendemos que el diálogo es necesario y salvífico, ¿cómo y dónde llevarlo a cabo si inicialmente cortamos todo contacto con los no musulmanes? Además, Allah advierte: "Si entras en una discusión con la gente de las Escrituras, hazlo de la mejor manera posible". ¡Y no se debe evitar la conversación mientras se intenta llevar la verdad al interlocutor!

(1 Una aya es la unidad estructural más pequeña del Corán, generalmente entendida como "verso".)

El Corán también dice: "Esto es Allah o Dios. Él es uno para todos. El Corán dice que si la gente se adhiere a la Torá y al Evangelio o lo que se les ha enviado de su Señor, merecen lo mejor. ¿Y luego, recuerdan? "No hay Dios excepto un solo Dios. La única diferencia es que cada nación tiene su propio mensajero. Cada nación tiene su propio tiempo. ¡Cada tiempo tiene su propia Escritura! Y solo Satanás siembra la discordia entre las personas".

¡Hermanos, no sean de aquellos que han dividido la Fe en un solo Dios!

Cada Escritura posterior confirma la anterior. Allah te dio la Ley de Fe legada a Noé, Abraham, Moisés, Jesús y Mohammed. ¡Mantengan la Fe correcta, es decir, una y única, y no se dividan en ella! Las últimas palabras de Abduh fueron recibidas con menos oposición ardiente:

- Tienes razón. Allah dio a los hijos de Israel la Escritura y la autoridad y les dio su preferencia. ¡Pero se apartaron del camino de Dios y sembraron el desorden entre la gente!

- ¡Aquellos que tienen oídos para oír, oigan! ¡No necesitamos enemistad y odio ahora; el mundo ya está sofocado por la sangre!

La crueldad y la inmoralidad aparecen en nuestras vidas por falta de conocimiento y poca sabiduría, por no ver las consecuencias de nuestras acciones inmorales. Ser sabio es ser bueno, enseña Buda.

Está escrito en el Corán que los fieles reconocen las escrituras enviadas previamente por Allah. Recuerden, musulmanes, el segundo mandamiento de Dios: "No te hagas un ídolo". Entonces, la madurez es una comprensión clara de que debes ser tú mismo y no la copia de alguien más. ¡No imites a nadie, sé natural! La imitación viene del exterior, alguien te da un ideal y lo sigues ciegamente.

¡Dios no te preguntará por qué no te convertiste en Muhammad, que la bendición y la paz de Allah sean con él! Te preguntará por qué no te convertiste en ti mismo. ¡No importa quién seas! ¡Lo importante es cómo te presentarás ante la Puerta de Dios! La multitud se calmó gradualmente y comenzó a escuchar cuidadosamente las palabras del predicador.

- Hermanos, ¡escúchenme! Estoy seguro de que el Occidente y nosotros tenemos mucho que aprender el uno del otro. Por ejemplo, nosotros, los musulmanes, nos enorgullecemos del hecho de que los lazos de nuestra hermandad son más fuertes que los lazos familiares, orgullosos de nuestra amabilidad y respeto por nuestros mayores, padres e hijos. Cuando digo "aprender del Occidente", soy consciente de que conceptos como la democracia, la sociedad civil y los derechos humanos nos parecen extraños y distantes. Pero eso no es de lo que estamos hablando ahora.

¡Tenemos que aprender a depender solo de nosotros mismos! ¡Cada musulmán debe aprender a actuar por su cuenta, sin depender de sus padres, su jefe, el Shah, el Sheikh o el Occidente! ¡Debe creer en Dios y en sí mismo!

Cuando las personas se vuelven trabajadoras y respetuosas de la ley, cuando honran a la familia, la esposa y los hijos por encima de todo, ¡entonces pueden fortalecer cualquier país! Estos simples principios de vida ayudaron una vez a los puritanos a crear naciones como Alemania, Inglaterra y Estados Unidos. Estos países son poderosos, progresistas y atractivos para la gente del mundo. En contraste, la agresión social exhibida por muchos jóvenes musulmanes amplía la brecha entre los deseos y la realidad. Les digo: para detener los conflictos, necesitan aferrarse a las simples reglas de vida que mencioné anteriormente.

Sé que ustedes, jóvenes y fuertes, quieren buenos trabajos, riqueza y seguridad para sus familias, quieren una buena vida para ustedes y sus seres queridos. Entiendo por qué se resienten de que los urge a visitar bibliotecas para aprender sobre el profundo conocimiento que la humanidad ha acumulado a lo largo de los milenios. Con el estómago vacío, es realmente difícil escuchar los pensamientos ornamentados de los sabios. Creo que es mucho más fácil tomar un arma y matar o robar, llevando a cabo una falsa "justicia" que no cambia nada. ¡Entiendo lo difícil que es darle la vuelta a las cosas! Pero eso es precisamente lo que se necesita, sin trabajo pacífico, sin esfuerzo pacífico, nada funcionará para nosotros. Adquirir conocimientos y trabajar duro es mucho más difícil que destruir a alguien o incluso a uno mismo. ¡Cambiar los principios de vida es muy difícil, pero necesario! Y la educación y el apoyo informativo pueden desempeñar un papel tremendo en esto. ¡Ha llegado el momento de los educadores talentosos, los organizadores y los periodistas! ¡Esa es la verdadera fuerza!

Si una nación tiene suficientes personas de este tipo a su disposición, ya representa una cierta potencia y puede influir en el resto del mundo ofreciéndole su religión, sus tradiciones, su "yo" nacional y su visión de los problemas controvertidos.

Desafortunadamente, en este campo, nosotros, los musulmanes, tenemos una estadística muy triste. En los últimos cien años, solo tres de mil quinientos millones de miembros de esta fe en la tierra han ganado el Premio Nobel. Solo hay alrededor de 500 universidades en 57 países musulmanes. En comparación, hay 5.758 universidades en los Estados Unidos y 8.407 en India. La tasa de alfabetización promedio en el mundo musulmán es inferior al cuarenta por ciento, en comparación con el noventa por ciento para los cristianos. En los países musulmanes, solo el cincuenta por ciento de la población termina la escuela secundaria y el dos por ciento se gradúa de la universidad; en los países cristianos, estas cifras son del noventa y ocho por ciento y el cuarenta por ciento, respectivamente. Para los musulmanes, solo hay doscientos treinta científicos con diferentes profesiones por cada millón de personas; ¡en los Estados Unidos solo hay cinco mil!

Así, en el mundo musulmán, hay una necesidad urgente de modernización social y estatal sin perder la identidad. El miedo a las reformas ineptas lleva al mundo musulmán a rechazar la innovación, creyendo que la autodeterminación musulmana podría sufrir. No están dispuestos a sacrificar sus tradiciones centenarias a los procesos de globalización y modernización que no comprenden.

¡Mis queridos musulmanes! Yo, Abduh Tahir, discípulo del último Mesías en la tierra, el honorable Joseph, declaro que él ha venido a traernos el mensaje de Dios. Ahora, los musulmanes tienen una tarea importante: no seguir luchando contra los extranjeros, sacrificando sus vidas jóvenes por el Paraíso Celestial, sino mirar al mundo y a otras naciones con nuevos horizontes. No deberían verlos como enemigos, sino como sus respetados vecinos, unidos por la fe en el Único y Todopoderoso, ¡quien es Uno para todos nosotros!

Capítulo 17

Después del regreso de José de Jerusalén a Nueva York, fue maldecido y amenazado por los poderosos del mundo. El Vaticano lo declaró oficialmente hereje, difundiendo una herejía que obstaculiza la voluntad de Dios, y los líderes islámicos lo acusaron de impostor. Tahir también fue condenado a muerte por los fanáticos del Islam. Fue acusado de haber vendido su alma a los sionistas y al imperialismo estadounidense, de haber roto las leyes de la Sharia y de instar a los fieles a respetar y entender a los infieles que solo sueñan con destruir a todos los musulmanes o explotar sus tierras en su propio interés.

Todos estos ataques exigían una respuesta sabia, preferiblemente con una apelación a la élite intelectual de los Estados Unidos. David, un talentoso organizador, negoció el permiso para un discurso en la famosa Universidad de Columbia en el noroeste de Manhattan. La institución fue fundada en 1754 como King's College, habiendo recibido una carta de concesión del rey Jorge II de Inglaterra. Entre 1901 y 2000, 78 científicos de la famosa universidad ganaron el Premio Nobel.

En frente del edificio del Departamento de Filosofía, donde se entregaría el discurso de José, se encontraba una de las copias de la famosa escultura de Auguste Rodin "El Pensador", la personificación de un pensamiento humano dolorosamente incipiente.

La enorme sala de conferencias estaba llena de gente que quería escuchar al predicador. También llegaron muchos invitados de otros estados y países.

Mientras Joseph se acercaba al púlpito, la multitud se quedó en silencio.

Hermanos y Hermanas - se dirigió a ellos. - Las autoridades, la cúpula militar y el clero se benefician manteniendo la situación actual en el mundo sin cambios. Sugieren a la gente que la vida en la Tierra es solo un momento corto y pecaminoso, lo que significa que nosotros, los huéspedes temporales en ella, debemos sufrir humillación, pobreza e injusticia. Después de la muerte, sin embargo, se nos promete la felicidad eterna en el paraíso. Pero, para llegar allí, tenemos que hacer lo que se nos dice, tenemos que vivir como ellos deciden por nosotros, es decir, tenemos que odiar y matar a aquellos a los que señalan con el dedo. Y solo entonces, escúchenme, ¡solo entonces! - al sacrificar nuestra única vida por sus ideas, iremos, según sus promesas, al cielo.

¡Y estos sacrificios nos son exigidos por aquellos que en este momento viven en la tierra pecaminosa como en el paraíso! Hace mucho tiempo establecieron un paraíso terrenal para ellos mismos y no lo cambiarían por un reino celestial fantasma prometido después de la muerte.

Dios sacrificó a su hijo, Jesucristo, para expiar nuestros pecados, incluidos los peores. ¿Para qué? ¡Para que finalmente dejáramos de odiarnos y matarnos entre nosotros! Imagina, solo por un momento, que esto haya sucedido. ¿Cómo sería nuestro planeta, donde habría paz, tranquilidad y comprensión? ¿Lo reconocerías? Ese sería el Paraíso Celestial al que todos quieren ir, pero en la Tierra. Así, Dios mismo, a través del sacrificio de Cristo, quiso crear un Paraíso Terrenal para todas las personas, no solo para aquellos con poder.

Entonces, los seres humanos, creados por Dios, son dignos de vivir sus vidas en las condiciones del Paraíso terrenal y luego morir e ir al Paraíso en el Cielo. ¡Este es el plan de Dios, la victoria de la humanidad sobre el Diablo, que aún tiene dominio sobre las almas de la mayoría, se basa en esto! Nosotros, los humanos, necesitamos dejar de lado el egoísmo y el orgullo, los principales inventos de Satanás, de los cuales surge todo el mal y el odio.

Nosotros, seguidores del monoteísmo, preguntamos a las autoridades y al clero: ¿no merece la gente común vivir en la Tierra como lo hacen en su Paraíso terrenal? Al menos sin guerras y en paz, no como víctimas de sus intereses.

Si las autoridades quieren seguir siendo autoridades, deben tratar de pacificar cualquier conflicto militar y nacional, deben defender la paz a escala planetaria. El clero debería apoyarlos enseñando a la gente que la humanidad es una sola familia que cree en un solo Dios. Y no hay diferencia entre un cristiano, un musulmán, un judío o un budista, porque todos son criaturas de Dios y todos realmente aman al Único Todopoderoso.

En los últimos cincuenta y cinco años, la humanidad ha sido lo suficientemente inteligente como para no comenzar una guerra mundial global. Y hay buenas razones para esto. La razón principal es el miedo, porque todos compartimos la misma Tierra. Es por eso que toda intriga política se concentra en conflictos locales e interétnicos. Los sentimientos de odio internacional pueden ser fácilmente manipulados desde arriba, porque durante siglos, las naciones han acumulado suficientes reclamos entre sí. No hay poca culpa que se pueda atribuir a los astutos llamados "defensores del pueblo", que hábilmente fomentan el odio nacional. Ni siquiera estoy mencionando a los que están en el poder; ya se ha dicho suficiente sobre ellos. ¡Mira lo que está sucediendo en la antigua Unión Soviética y en la antigua Yugoslavia, en Oriente

Medio y África! En todas partes hay conflictos interétnicos que están ardiendo o a punto de estallar, envenenando la existencia e inflamando sentimientos de odio hacia los demás.

¡Nosotros, los monoteístas, no queremos eso! Nos esforzamos por convertir la enemistad y el odio en respeto y comprensión. Respetamos todas las religiones. Y que el cristiano siga creyendo en el amor al prójimo. Que el musulmán esté convencido de que todas las personas se convertirán en fieles. Que el judío siga fervorosamente sus leyes. Que el budista anhele el contacto con el macrocosmos y renuncie a las posesiones materiales. ¡Que así sea! Pero a todo esto, agregaremos el respeto mutuo y la aceptación, que será promovido por la Fe en el Único Todopoderoso para todos nosotros.

Entonces, ¡respeto y paz a ustedes, naciones de la tierra, porque eso es lo que Dios quiere de las personas ahora mismo! Este es el mensaje que me transmitieron sus venerables profetas. ¡La búsqueda de la armonía mundial es la Humanidad Única adorando al Creador Dios Único!

El movimiento de la Ilustración del siglo XVIII y XIX se opuso a Dios, y la fe de las personas comenzó a debilitarse. Pero ahora, en la era del mayor auge del pensamiento científico y la tecnología innovadora, una vez más recordaron a su Creador. Y esto es simbólico. Solo Él, no los logros de la ciencia, puede frenar el odio y el mal.

Una de las principales tareas de las religiones del mundo es educar a sus seguidores en un comportamiento basado en la identificación con sus vecinos. Porque no se puede hacer a otro algo que no se desea que se haga a uno mismo. Nuestra Nueva Fe se basa en este principio fundamental, porque es el único que debería ser la base de las relaciones internacionales. Aunque hoy estamos lejos de este modelo, necesitamos reconocer este mandamiento de Dios para la supervivencia de la especie humana. Es necesario aplicar toda la fuerza de nuestra fe, todo el poder de nuestra convicción para implementar esta regla de la comunidad, sin la cual simplemente se vuelve peligroso existir.

Así que les repito, ¡la salvación está en la fe! La creencia en Dios ha creado concepciones comunes de Bien y Mal que se han transmitido de generación en generación. La fe ha moldeado la ética que rige una sociedad sin leyes legales. La ley sigue la acción moral, y el castigo de Dios siempre es más estricto que el juicio humano.

Creo que la Nueva Fe ayudará a resolver los conflictos que mataron a millones de personas que eran vecinos, amigos y familiares durante décadas. Solo reconociendo que no estamos divididos por el idioma, el color, la religión, la tradición o la cultura podemos llegar a tener fe en el Único Todopoderoso. Es esta fe la que nos ha hecho a todos tan diferentes y, sin embargo, tan iguales. Este es un caso en el que la causa y el efecto trabajan juntos, contrariamente a la lógica humana. ¡Así que digan SÍ al Dios único! ¡Digan NO a la sangre y la guerra!

Al final del discurso de Joseph, fue bombardeado con preguntas.

- Usted afirma haber comunicado con el Señor Dios en persona. Dígame, ¿cómo es Él?

- No he visto ni me he comunicado con Dios. Los profetas, los mensajeros de Dios en la tierra, se me presentaron. Me hablaron y me bendijeron con la Nueva Fe de la Humanidad Única en un Dios Único. En realidad, todas las personas creen en un Dios Único, pero los caminos hacia Él son diferentes.

- ¿Realmente permites la posibilidad de unir las religiones en una sola fe?

- No es cuestión de un día, entiendo, pero es posible y necesario hablar al respecto. Especialmente porque esta cuestión ha sido discutida durante cientos de años. Religiones como el Hinduismo y el Bahaismo predican la idea de que todas las religiones honran a un solo Dios, solo bajo diferentes nombres.

Tres mil quinientos millones de creyentes siguen los cánones del Cristianismo, el Islam y el Judaísmo. Los tres de estas religiones han estado conectadas por hilos divinos irrompibles desde que el Todopoderoso se apareció a Abraham, el antepasado del pueblo judío.

Aproximadamente dos mil millones de personas practican el Hinduismo, el Budismo, el Sikhismo, el Shintoismo y otras enseñanzas espirituales orientales. Ellos creen que hay un solo Dios creador del universo.

Finalmente, de seiscientos a setecientos millones de personas se identifican a sí mismas como no creyentes. Se consideran educados, modernos, con una mente crítica y pensamiento independiente. Pero su creencia en la inteligencia, desafortunadamente, no ayuda a resolver los conflictos mundiales y erradicar el odio entre las naciones. Sus esfuerzos están dirigidos al desarrollo del progreso científico y tecnológico, sus logros aumentan el área del confort humano, pero al hacerlo, imponen sin saberlo una filosofía consumista. La lujuria por el lujo, la codicia y la desigualdad dividen a las personas y las hacen olvidar sus valores morales dados por Dios. Esto está sucediendo en todo el mundo.

Insto a las personas a dirigir sus ojos hacia la fe en el único Dios, el Creador. Esta fe no obstaculizará, sino que al contrario, ayudará a la investigación científica y tecnológica y a la multiplicación de la riqueza material.

Einstein dijo que la ciencia sin religión es coja y la religión sin ciencia es ciega. El propósito de la ciencia es establecer reglas generales que rigen la relación entre objetos y eventos en el espacio y el tiempo. Es claro que el conocimiento de lo que es, no conduce al descubrimiento de lo que debe ser. Para aclarar, el conocimiento de la verdad en sí es un hecho positivo, pero es demasiado poco para servir como guía, ya que no hay justificación para el valor de esforzarse por conocer la verdad. En consecuencia, nos enfrentamos a las limitaciones de una concepción puramente racional de nuestra existencia. El intelecto nos revela la relación entre los medios y los fines, pero la razón por sí sola no puede aclarar el significado de los fines últimos y fundamentales. Identificar estos fines y hacerlos la base de la vida emocional de las personas es precisamente la función más importante de la religión.

¿No somos todos hijos del mismo Padre? ¿Estamos condenados a ser víctimas unos de otros debido a nuestras propias pasiones mezquinas y costumbres heredadas? ¿Nada a nuestro alrededor vale la pena preservar? ¿No estamos, unidos, llamados a hacer todo lo que esté en nuestro poder para eliminar el peligro que nos amenaza a todos por igual.

Dios le dio al mundo la moralidad y enseñó a las personas a tratarse con respeto, porque esta es la única forma de detener la aniquilación mutua. Supongo que esas personas que piensan que son los dueños de la tierra, pero olvidan a Dios, también tienen una participación en esto.

- ¿Usted culpa al clero y a la iglesia por la hipocresía, el engaño y otros pecados. Pero no es usted mismo otra profanación religiosa, alejando a la gente de las verdaderas escrituras y la fe tradicional?

- Sabes, sinceramente creo que todas las religiones llaman a sus seguidores al amor. Todas las religiones están impregnadas de espíritu y moralidad. ¡Son puras! Pero desafortunadamente, las personas que se consideran padres espirituales y los líderes de la iglesia han hecho y continúan haciendo cosas que no le agradan a Dios desde hace miles de años. No discutiré sobre esto por mucho tiempo, simplemente daré un ejemplo.

¿Por qué el emperador Constantino y el Concilio en el año 321 después de la Natividad de Cristo tuvieron que cambiar el día de adoración oficialmente para los cristianos de sábado a domingo? Después de todo, Jesús adoraba a Dios los sábados. La respuesta es que para ser diferentes, para ser diferentes de los judíos. Es decir, la Iglesia misma decidió hacer esto pasando por alto a Dios y a Cristo. Pero la Iglesia no puede cambiar la Palabra de Dios. El sábado es el día de Dios. Dios descansó el sábado y el sábado se menciona en el cuarto de Sus Diez Mandamientos. Entonces, ¿por qué los cristianos siguen solo nueve de ellos y niegan uno? Cuando la Iglesia o la autoridad corrige las Sagradas Escrituras dadas por Dios a través de los profetas, están cometiendo un gran pecado.

- ¿Cómo te sientes con respecto al Islam?

- Respeto profundamente todas las religiones, incluido el Islam, que predica la adoración de un Dios Único e Indivisible y, junto con otras religiones, defiende la justicia social, los valores morales, la paz y la libertad para todas las personas. El Corán no llama a la propagación del Islam por la espada y la destrucción de los no creyentes. Se nos permite usar armas solo en defensa.

- ¿Cómo te sientes acerca de las afirmaciones de los fanáticos islámicos de que no son asesinos? ¿Cree que están defendiendo sus valores musulmanes contra la expansión de un Occidente depravado e insaciable?

- Muchas personas confunden la causa y el efecto. Mira a los Estados Unidos. América fue fundada por personas religiosas para quienes la fe en Dios era un principio fundamental no solo de la vida personal, sino también política.

Desafortunadamente, en los últimos treinta o cuarenta años, Occidente se ha alejado cada vez más de Dios hacia un ámbito de libertades liberales, mostrando falta de respeto por los valores religiosos, morales y culturales. Para un creyente, ya sea musulmán, judío, cristiano o budista, este tipo de libertad es algo del mal.

El mundo musulmán es menos flexible y más intransigente. Y el atraso económico y la pobreza en muchos países musulmanes proporcionan terreno fértil para la envidia y el odio hacia Occidente, al que es fácil culpar de los propios problemas.

En cualquier sociedad normal, se honran la bondad, el coraje, la honestidad, la ausencia de egoísmo, la inteligencia, el trabajo arduo y la responsabilidad, mientras que se consideran negativas cualidades como la cobardía, la deshonestidad, el egoísmo, la estupidez y la pereza. ¡Tenga en cuenta que esto se aplica independientemente de la etnia y la religión!

Mi punto es que la mayoría de los valores atribuidos al Occidente son valores adquiridos por toda la humanidad a lo largo de muchos miles de años de historia.

En una etapa posterior de desarrollo, me refiero a los últimos trescientos años, europeos y estadounidenses lograron convertirse en los principales portadores de estos valores universales y, gracias a ellos, lograron un progreso económico, científico y tecnológico vertiginoso. Más tarde, algunos países del este asiático pudieron seguir este camino.

Por lo tanto, sería más correcto llamar valores "occidentales" a los valores universales, excepto por la libertad y la democracia. Son igualmente buenos para todas las personas normales que desean la felicidad para sí mismas y sus hijos.

Hago un llamado a los musulmanes a no alejarse de estos valores, sino a absorberlos. Especialmente porque ya los tienen, y solo es necesario desarrollarlos en sí mismos. Y hago un llamado al Occidente a recordar las tradiciones morales y religiosas de sus fundadores y ancestros.

- ¿Realmente tiene la intención de crear una sola religión mundial y un solo clero mundial? ¿No le parece esta idea absurda?

- Quien cree, sabe que la fe y la espiritualidad no tienen límites. La unidad es la última oportunidad para detener la marcha sangrienta del mal que arrastra a la humanidad hacia el abismo. Creo que las religiones del mundo tienen más en común que diferencias. Y estoy convencido de la posibilidad de su acercamiento sobre esta base.

La humanidad está dividida, sí. Y cuando todo comienza a dividirse, surgen rencores, envidias, odios, peleas y asesinatos. ¿Quiénes son nuestros jueces?

La división siempre es injusta para un lado. Pero la idea de valores compartidos llevará a un compromiso, a la dominación de los buenos sentimientos, al desarrollo de intereses comunes y, como resultado, a la paz.

Comprenda que la esencia central del ser humano es la misma para todos, ¡es divina! Solo que cada religión la diversifica con características éticas y étnicas.

¡Aleje sus sentidos de la terrible herejía de la separación! Dios es uno, pero diferentes religiones lo personifican de diferentes maneras, como el Dios Creador, el Dios del universo, la Mente del Mundo que creó el orden universal, el Dios estricto, el Dios misericordioso, el Dios discernidor y todopoderoso Alá.

¡Abre los ojos y escucha mis palabras! Después de todo, ¡todo esto es solo una variedad de nombres del Todopoderoso Uno!

- ¿No hay demasiados judíos entre los profetas? Tú también, honorable Joseph, te has contado entre ellos...

- He respondido a esta pregunta más de una vez. Solo repetiré una cosa: todo es la voluntad del Todopoderoso. Dios eligió a los judíos. Fueron el único pueblo que pudo soportar las cargas de su difícil historia y, al mismo tiempo, mantener una gran fe en el Dios Único.

- Según el Antiguo Testamento, el Dios hebreo es estricto e incluso enojado.

- ¿Qué dices a eso?

- ¡Eso es una ignorancia total! Creemos en Dios, y no sabemos si es justo, bueno o cruel. ¡Dios está en el otro lado del bien y del mal! Todo lo demás es juicio humano. Dios es el Creador. Él creó todas las cosas vivas y no vivas en nuestro universo. Dios castigó a los judíos solo cuando rompieron sus mandamientos y se apartaron de la Fe, pero siempre los protegió cuando fueron obedientes. Sin el mandato de Dios, los judíos, esta pequeña nación, habrían sido destruidos por las muchas naciones gigantes entre las que existían. Pero el etnos judío no solo sobrevivió, sino que también mantuvo su alto estatus. Esto es una señal de Dios.

- ¿En qué tipo de Dios crees: un Dios trascendente o un Dios personificado?

- Dios no puede ser descrito en términos humanos. Sin embargo, un ser humano lo describe, no llega a ninguna parte. Dios es todo y todo es Dios.

Para mí, Dios es trascendente, en el sentido de que es la fuente de todo y uno para todas las religiones y toda la humanidad. Al mismo tiempo, a nivel de un microcosmos, cada uno de nosotros es una parte del Universo, o la Naturaleza, y por lo tanto, una parte de Dios. Entonces, la célula sanguínea en tu arteria es una partícula tuya. Una partícula de Dios es el alma humana. Y el propósito más alto de los humanos es servir al Creador Único.

- ¿A qué religión perteneciste en tu vida pasada?

- No tenía una actitud generalmente aceptada hacia la fe. Para mí, los conceptos de Dios y religión son en diferentes hipóstasis. Dios es el Creador del universo, es uno para toda la humanidad e indivisible. Y esto es una gran verdad. Bueno, la religión es algo que la gente misma ha creado. La religión es un reflejo del alma y el carácter de un pueblo. Miran en ese espejo y ven su reflejo, la religión que adoran.

La historia humana nos muestra que las religiones, desafortunadamente, contribuyen a la división de la humanidad. Los co-creyentes religiosos forman sus subdivisiones más grandes, que incluyen grupos étnicos. Por cierto, solo unos pocos grupos étnicos en el mundo han creado religiones mundiales.

El grupo étnico judío dio origen al judaísmo, el grupo étnico romano occidental al catolicismo, el grupo étnico bizantino, también griego, a la ortodoxia, el grupo étnico alemán al protestantismo, el indio al hinduismo, confucianismo, budismo y sijismo, el árabe al islam.

Y luego, por medios pacíficos o violentos, estos pueblos difundieron sus enseñanzas entre los demás grupos étnicos.

- Soy biólogo y no creo en el Creador del universo. Solo creo en la evolución. ¿Qué tienes que decir contra la evolución?

- Lamento sinceramente, porque estás engañado. Me parece que la razón es que en tu alma todavía no ha brillado la chispa divina, que te ayudaría a discernir en la oscuridad de tu alma la luz que te muestra el camino correcto, el camino hacia nuestro Dios-Creador.

Einstein, también fue un científico y aceptó la imposibilidad de un universo no creado. Esta conclusión, resultado de su trabajo en la teoría de la relatividad, lo llevó a concluir que el universo tenía un PRINCIPIO y por lo tanto un Creador.

Los ateos creen que la ciencia lo explica todo, y si no puede responder ahora, lo hará en el futuro. De hecho, la vista científica del origen del universo no es diferente de la vista religiosa: el universo surgió en un momento, como resultado del Big Bang. La explosión no fue accidental y fue muy precisamente calculada, lo que permitió que el universo no se dispersara ni se contrajera en un punto. El universo surgió sin ningún requisito previo, de la nada y gracias a la acción de la Súperpotencia, a la cual todas las fuerzas de la naturaleza están sujetas. Para una interpretación religiosa de este fenómeno, es suficiente reemplazar la palabra "Súperpotencia" por "Dios". La Súperpotencia estableció todas las leyes del macro- y microcosmos, físicas, químicas y biológicas. Y si hay leyes en la naturaleza, y esto es un hecho científico, entonces también hay un Legislador.

Esta idea es confirmada por las increíbles propiedades de la naturaleza: la armonía, la reproducción, la regularidad, la conveniencia, la simetría y la perfección. Una sola semilla contiene la estructura genética completa de una planta, y la estructura más compleja de los órganos de un ser vivo multicelular, como un ojo o un corazón (válvula abre, válvula cierra), no puede ser explicada por ninguna coincidencia o evolución. Sin el Creador, no es posible imaginar no solo el funcionamiento de los órganos individuales, sino también la aparición de todo el mundo animal y vegetal, y especialmente los seres humanos hablando y pensando, sintiendo y siendo compasivos, listos para la autodisciplina o el sacrificio propio.

Permítanme hacer un pequeño paralelo. Por ejemplo, hay una montaña que ha estado de pie durante siglos con mucho metal en sus profundidades. ¿Podemos esperar que a lo largo de los siglos surja un vagón de ferrocarril de ella? ¡Ciertamente no! Se requiere un ser humano para hacerlo. En otras palabras, se necesita un Creador, un Hacedor, y los seres humanos, en este caso, son su proyección.

Hay una leyenda sobre este tema asociada con el gran científico Isaac Newton. En su bien equipado laboratorio, una vez entró otro científico, seguidor del desarrollo evolutivo de la naturaleza. El invitado estaba muy interesado en el origen de las bolas brillantes. Newton respondió: "Estas esferas no vinieron de ninguna parte. Así eran, salieron por sí solas a lo largo de muchos siglos. Nadie las hizo". - "¡De ninguna manera!" - dijo el invitado. Newton objetó: "¿Por qué no podría ser? No crees que para todo debe haber un creador".

También echemos un vistazo a nuestra Tierra y la vida en ella. ¡Después de todo, es una obra de genio de un genio Creador! La vida simplemente no habría sido posible sin ciertas condiciones o mecanismos sutiles que solo revelaron sus secretos en el siglo XX. Primero, la ubicación de nuestro planeta en el sistema solar y en la galaxia de la Vía Láctea, la órbita de la Tierra, la inclinación de su eje, la velocidad de su rotación y su satélite, la Luna. En segundo lugar, el campo magnético y la atmósfera son una especie de doble armadura. En tercer lugar, la abundancia de agua. Y finalmente, en cuarto lugar, los ciclos naturales que regeneran y purifican la biosfera. ¿Todo esto sucedió por pura casualidad? ¿O es más obvia la posibilidad de un diseño ingenioso?

Todas las características de la Tierra que he enumerado testifican sobre la sabiduría del Demiurgo.

Como dijo una vez el físico evolutivo Paul Davies: "Incluso los científicos ateos están llenos de asombro por la escala, la grandeza, la armonía, la complejidad y la extraordinaria elegancia del universo. Pregunto de nuevo, ¿podría haber surgido tal construcción ingeniosa por sí sola? ¿O es la mano del creador?

Como científico, probablemente estarías de acuerdo conmigo: no hay dos personas en el mundo iguales, pero la esencia humana subyacente es la misma. Y es divina en el sentido de que contiene la chispa de Dios. Cada persona puede construir un puente entre él y Dios, caminar hacia Él a lo largo de su vida y fusionarse con Su luz. Tal "construcción" individual será la base para la unidad de la humanidad. Al concluir mi respuesta, me gustaría recordar las palabras del gran teólogo y filósofo Francis Bacon:

- "El ateísmo es hielo delgado en el que un hombre caminará y un pueblo entero caerá al abismo".

- ¿Cuando piensas en el Todopoderoso, qué es lo que usualmente pides para ti mismo?

- No pido, solo espero estar haciendo lo que Él aprueba. Por el solo hecho de que las personas tratan de tomar conciencia del Único Dios, se vuelven más tolerantes y humanas. Los creyentes purifican sus pensamientos, y esto les permite evitar la violencia y los actos injustos. ¿No es suficiente? ¿No es eso por lo que las personas deberían esforzarse?

Capítulo 18

El discurso de Joseph en la Universidad de Columbia causó sensación. Los miles de intelectuales interesados en su pensamiento peculiar decidieron apoyarlo.

Unos días después, la oficina de David recibió una llamada telefónica de un hombre que se presentó como Michael. Dijo que hablaba en nombre de un grupo de personas que eran los jefes de las principales corporaciones. "Estamos interesados en tus enseñanzas y queremos reunirnos para establecer una relación mutuamente beneficiosa", ofreció en conclusión.

David prometió hablar con Joseph y volver a él. Su fenomenal intuición le dijo que conocer a personas influyentes sería invaluable. Sin perder tiempo, le contó a Joseph sobre la llamada.

- ¿Buscan contacto con nosotros? ¿Por qué?

- Quieren ofrecer ayuda y cooperación.

- ¿Qué quieren a cambio?

- Aseguraron que nuestros intereses son los mismos.

- ¡Pero no tenemos intereses! Solo traemos fe en el Creador Único a la gente.

- Lo siento, me equivoqué ... Estas personas están a favor de la integración. Y siento que contactarlos ayudará a nuestra causa.

- David, confío en ti como en mí mismo.

- Entonces ponlo todo en mis hombros. Me pondré en contacto con ellos y trabajaré en los detalles.

- David, ¿cuándo fue la última vez que hablaste con Tahir?

- Ayer. Estaba preparando una conferencia en Alejandría.

Tahir había invitado a famosos teólogos, académicos y cualquier persona interesada en los musulmanes y su relación con el mundo. Gracias a su incansable energía y entusiasmo, el evento tuvo lugar a pesar de las protestas de los islamistas radicales. Muchos teólogos de renombre se dirigieron a la gran audiencia con sus discursos ardientes.

- ¡El mundo islámico necesita modernización, esa es la tarea principal! - Tahir Abduh habló ardientemente desde el púlpito. - No occidentalización, sino modernización, como está sucediendo en Turquía y los países de Asia Oriental, donde coexisten diferentes religiones y culturas con renovación.

Nuestra reforma se ve obstaculizada por muchas actitudes tradicionales del Islam: la educación, el estatus de la mujer, la crítica a las libertades políticas y la interconexión entre el estado, la religión y la sociedad. Estas barreras existieron una vez en el judaísmo y el cristianismo, pero se superaron después de una larga lucha.

Desafortunadamente, la síntesis de religión y política es el núcleo de la tradición islámica. ¡Pero el estado y la mezquita no son compatibles! ¡Mira lo que sucedió en Irán después de que los radicales combinaron el poder político y la religión! Las normas constitucionales de un país deben prevalecer sobre su identidad religiosa. El problema surge cuando un ciudadano considera que la cultura política impuesta por la Sharia es superior a la cultura política del estado.

¡Apoyo una separación completa del estado y la religión! Mi principal preocupación en este segmento es la separación de la fe y la política en el mundo islámico. ¡Un renacimiento del mundo islámico puede comenzar con esto! ¡No es necesario resistirse a la renovación, es necesario buscar enfoques para ella! En cualquier caso, es mejor que llamar a luchar y derrotar al Occidente. El ejemplo de Turquía, China y Japón muestra cómo han adoptado las instituciones occidentales mientras mantienen la fe y la esencia de su propia cultura. ¡Esto es lo que importa!

En ningún lugar del Corán se dice que la guerra signifique confrontación armada. De hecho, el Todopoderoso se refiere al combate espiritual. El Profeta Muhammad (la paz sea con él) apostó por la expansión pacífica. Los radicales, por otro lado, buscan en el Corán llamados a luchar contra los infieles, distorsionando y malinterpretando deliberadamente sus palabras. Engañan a nuestros hijos con una propaganda hábil, garantizando una vida paradisíaca después de la muerte y seguridad material para la familia dejada sin sostén. ¡El verdadero yihad es una lucha que se lleva a cabo en tu alma, contigo mismo, para convertirte en un musulmán fiel, y no en absoluto en el campo de batalla!

¡Tenemos mucho en común con Occidente! Y lo principal es la conexión del Islam con el judaísmo y el cristianismo. Todos somos hijos de Adán y Abraham. ¡Todos adoramos al mismo Dios! Y todos creemos que nuestro Único Dios nos guía a través de la vida.

En este punto, uno de los oponentes de Tahir levantó la mano para indicar que quería hacer una pregunta. Abduh asintió con respeto.

- Nosotros, los musulmanes piadosos, vemos lo que está sucediendo en Occidente. Ha ido demasiado lejos en su insaciable apetito por el beneficio, perdiendo su dimensión religiosa y ética. ¿Estos hombres, convertidos en funcionarios sin alma, sensuales sin corazón, estos desgraciados, realmente creen que han alcanzado una etapa inalcanzable del desarrollo humano?...

- Sí, entiendo muy bien tu ira arraigada. El sufrimiento humano y el odio tienen raíces históricas muy profundas. Los estados islámicos, alguna vez líderes de la civilización, se han quedado atrás políticamente, económicamente y culturalmente. Y no solo en comparación con Occidente, sino también con los países del Extremo Oriente y Rusia. La grandeza pasada engendra envidia y rencor. Sí, por amargo que sea, deberíamos mirarnos primero a nosotros mismos y no culpar a los países más desarrollados.

El Este tiene su propia percepción de la realidad negativa. Solo aceptamos la realidad en la que vivimos, incluso si es inaceptable. Lo más importante es que es NUESTRA realidad, aunque sea anti-humana.

En cambio, Occidente siempre está tratando de cambiar las cosas, de mejorarlas, de hacerlas más humanas. Esta es nuestra principal diferencia. Una vez más, las ideas judías, islámicas y cristianas de Un Dios son idénticas, porque estamos hablando del mismo Creador del universo. Sin embargo, las diferentes mentalidades y las diferentes traducciones de la misma palabra a diferentes idiomas han llevado a desacuerdos y malentendidos.

Nosotros, los musulmanes, tenemos la costumbre de aceptar la vida tal como es con fatalidad. La creencia en el fatalismo, la obediencia pasiva, la impotencia política, la falta de elección y el derecho a tener una opinión son lo que obstaculiza nuestro desarrollo. Y si alguien decide protestar, luchar por sus términos, será condenado por sus propios compañeros: ¿por qué estás haciendo todo esto y qué te hace hacerlo?

Solo cuando cada musulmán acepte la responsabilidad de al menos su propia vida habrá un despertar. Por ahora, nuestros ojos están cerrados, ¡pero estamos listos para despertar! Despertar significa volver a nosotros mismos, convertirnos en creadores, en parte del Creador.

Muchas generaciones de musulmanes han sido criadas en un espíritu de odio hacia Occidente y sus valores. Pero estamos obligados a aceptar el sistema político que nos ayudará a salir de la pobreza y vivir la vida al máximo. La historia ha demostrado que todos los sistemas que el Este ha creado a lo largo de los milenios han fracasado. Así que deberíamos tratar de adaptarnos al modelo occidental, porque la humanidad aún no ha inventado algo mejor. ¡Y créeme, de ninguna manera dañará nuestros santuarios islámicos!

Otro participante pidió hablar:

- ¡Tenemos nuestros propios valores, así que no necesitamos los valores occidentales! Tampoco necesitamos mujeres musculadas y hombres feminizados. Occidente está perdiendo rápidamente la importancia de la familia tradicional, que ya no puede cumplir una de sus funciones más importantes: la crianza y educación de los hijos. Y el subproducto que se ofrece en su lugar, llamado "matrimonio civil", es para nosotros, los musulmanes, una forma de prostitución.

Y las relaciones homosexuales, ¿es eso algo que complace a Dios? ¡Que Allah me perdone por decir esto! Tienes razón al decir que hubo un tiempo en que los musulmanes vivían en califatos prósperos, donde la ciencia, la filosofía y la poesía florecían, mientras que Europa estaba atrapada en el oscurantismo medieval. Pero en realidad estás pidiendo la liberalización del Islam, ¡y eso no está permitido! Porque el Islam es ahora la única religión en el mundo que es pura ante Dios. Mira al mundo cristiano: la homosexualidad, el lesbianismo, la pedofilia entre los clérigos se han convertido en algo común. Pero el Islam es una religión de estricto monoteísmo, una religión que reconoce a todos los profetas desde Adán e Ibrahim (Abraham) hasta Jesús y Mahoma. Es una religión que no conoce fronteras, razas, culturas ni idiomas. Una religión que deduce la virtud humana no de factores genéticos, sino de un grado de obediencia a Dios.

En confirmación de mis pensamientos, quiero citar las palabras del profeta Mahoma: "¡Oh gente! Realmente tenéis un Señor, y tenéis un Padre. Todos sois descendientes de Adán, y Adán fue creado del barro. Y no hay ventaja para un árabe sobre un no árabe, para una persona blanca sobre una persona negra, excepto en el temor de Dios".

- Honorable Anwer, estoy de acuerdo con lo que dices. Nada en el mundo es perfecto, ni en Occidente ni en Oriente. Estoy de acuerdo en que el Occidente moderno está perdiendo catastróficamente sus mejores valores religiosos y éticos, que alguna vez le permitieron lograr grandes cosas. No puedo aceptar mucho de lo que está sucediendo allí, y tú tampoco. Pero eso no es de lo que quiero hablar contigo.

Uno de los fundadores del protestantismo, Jean Calvin, dijo: "Dios ayuda a aquellos que se ayudan a sí mismos". Enseñó que la actividad profesional es una tarea asignada por Dios a los seres humanos. Es a través de las acciones que mejor complacemos y glorificamos al Todopoderoso. Dios nos ayuda sosteniendo nuestra energía interior para que podamos trabajar y crear.

¡Debemos aprender a hablar menos y hacer más! Recuerda el mandamiento del silencio, la amenaza bíblica por cada palabra inútil. ¡Recuerda el pecado de la charlatanería!

Otro pecado aún más grave es perder el tiempo. Aquellos que pierden el tiempo descuidan la salvación de sus almas. La vida humana es extremadamente corta y preciosa y debe ser utilizada solo para el cumplimiento de la misión que está destinada a todos. Perder el tiempo en entretenimiento, conversaciones, lujos e incluso durmiendo más de las seis a ocho horas requeridas es completamente inaceptable desde el punto de vista de la moralidad. El tiempo es infinitamente precioso, ya que cada hora perdida, es decir, no bien empleada, se toma de Dios, no se dedica al aumento de Su gloria. El trabajo, dado desde arriba, es el propósito de toda la vida humana.

Calvin argumentó que la fidelidad a la ocupación se impuso a las personas como castigo por el pecado. La ocupación es una forma de mostrar amor a los demás. La única forma de conocerse a uno mismo no es observándose a uno mismo, sino actuando. Las acciones hablan por ti, y revelan inmediatamente tu valor.

Esto es lo que quiero decir cuando hablo de los valores básicos de Occidente. Los calvinistas protestantes vieron en la CONFIANZA su deber para con Dios. Es el eje central de la vida y la ética sobre la cual Occidente ha surgido.

Entonces, ¿cuál es mi punto? ¡Que podemos y debemos aprender de cada uno! Debemos adoptar todo lo que sea sabio y útil que nos ayude a todos a ser mejores de lo que somos, lo que reduciría el sufrimiento humano, el odio, la destrucción mutua y la pobreza en la tierra.

Para llevar la paz al mundo, es necesario encontrar un terreno común entre las diferentes religiones. Y lo más importante de estos es la fe en un solo Dios.

Capítulo 19

Nuestro mundo hoy en día, a pesar de todo, es más perfecto que nunca y está más dispuesto a crear una Humanidad Unida que cree en un solo Dios.

Al día siguiente, al mediodía, había un coche esperando frente a la oficina de David. Cuando se acercó al coche negro, el conductor, un hombre de mediana edad con un traje negro, cortésmente abrió la puerta trasera y le indicó que tomara asiento. David se encontró en el amplio interior de la limusina, equipada como oficinas para reuniones de negocios.

Dejaron la parte de negocios de Manhattan y se dirigieron hacia la zona donde viven las personas más ricas del mundo, en la Quinta Avenida, justo frente al Central Park. Pronto el coche se detuvo frente a uno de los lujosos condominios con un invernadero en el techo de un edificio de cuatro pisos.

Un portero bien vestido y fornido les abrió la puerta principal. Luego habló por teléfono con alguien y pronto apareció un joven, también vestido con uniforme, que educadamente pidió a David que lo siguiera.

¿Cuántas veces en su vida había caminado el profesor por la Quinta Avenida a lo largo del Central Park, mirando las casas al otro lado de la calle, donde detrás de cada puerta de cristal se encontraba un portero gentil, ¡casi con uniforme dorado! Y nunca, ni siquiera en sus pensamientos, podría haber imaginado que llegaría el día en que cruzaría el umbral de uno de estos edificios.

La puerta fue abierta por un hombre de mediana edad que se presentó como Michael. Era bajo, corpulento y tenía ojos astutos, entrecerrados y constantemente en movimiento. El dueño del lugar hizo un gesto para que su invitado entrara. Caminaron por una habitación enorme y se encontraron en una pequeña y acogedora oficina.

Michael ofreció una bebida a David, pero él la rechazó, y luego el nuevo conocido comenzó a hablar.

- Nosotros, es decir, los representantes de las grandes empresas, estamos interesados en su nuevo movimiento religioso y estamos listos para apoyarlo financieramente y promocionarlo en los niveles más altos. Creo que usted, una persona que se ocupa de los asuntos organizativos, no debería ser indiferente a mi propuesta...

- Usted está bien informado.

- Ese es mi trabajo. Una vez más, enfatizo que usted y yo podemos trabajar juntos de manera productiva.

- ¿Qué tipo de ayuda ofrecen?

- Por ejemplo, la provisión de una sede sólida en el centro de Manhattan para reemplazar la mini-oficina en la que se encuentra actualmente. Sería más prestigioso para un movimiento que se ha convertido en internacionalmente reconocido. Luego, su... eh... - Michael vaciló, sin saber cómo llamar a Joseph, pero después de un momento se dio cuenta de que su maestro espiritual tiene grandes planes para la resolución de conflictos étnicos. Realmente no sé cómo funcionaría eso, pero nos gustaría apoyarlo.

- Hasta ahora, he estado convencido de que es más beneficioso para quienes están en el poder dividir y conquistar que reconciliar.

- El hecho es que los temas que aborda en sus discursos son más sobre el gobierno que sobre nosotros, la gente de negocios. No somos políticos, somos representantes del mundo empresarial. Nuestros intereses están relacionados con la globalización. Las grandes empresas han ido más allá de las fronteras nacionales, son demasiado estrechas en términos de fronteras nacionales, y cualquier empresa, especialmente las corporativas y transnacionales, requiere un aumento continuo de las ganancias y la búsqueda de nuevos mercados y recursos. A veces, los conflictos étnicos obstaculizan nuestros objetivos. Y aunque estos conflictos son locales en términos globales, todavía afectan vastas regiones, porque las tensiones geopolíticas se concentran allí y los intereses de cinco o seis países chocan. Como puede ver, soy bastante franco con usted. Creemos que ustedes son personas serias, porque sus proclamaciones hacen cosas realmente sorprendentes.

Me refiero a la forma en que personas de todo el mundo se están uniendo y creyendo en la predicación del Honorable Joseph. Eso es prácticamente todo. Estamos listos para cooperar con ustedes.

- ¿Es verdad que las corporaciones multinacionales tienen poder de veto sobre la legislación de cualquier país?

- Bueno, eso es una exageración obvia, respondió Michael modestamente. Prometiendo hablar con Joseph y llamarlo en un par de días, David decidió por sí mismo que no había nada malo en solicitar la ayuda de magnates del dinero, incluso si contradecía los principios morales de Joseph. Después de todo, él, David, estaba a cargo de los asuntos organizativos, y con esta sugerencia inesperada, muchos problemas podrían resolverse.

Un par de semanas después, el asistente sorprendió a Joseph al anunciar que había encontrado un gran lugar para reubicar su sede. Después de todo, el rebaño de monoteístas crecía día a día, y el sólido movimiento clerical no tenía más remedio que apretujarse en el antiguo y estrecho oficina.

Cuando David mostró una imagen del edificio elegido para la nueva oficina, Joseph miró fijamente a su asociado e preguntó:

- ¿No estás en contacto con los magnates del dinero?

- Cualquier caridad en el camino de Dios puede ser recibida con gratitud.

- Mira, David, ¡debemos hacer la obra de Dios con las manos limpias!

- No te preocupes, Joseph, yo me encargaré, dijo el amigo con convicción, mirándolo abiertamente a los ojos.

Capítulo 20

Esa noche David literalmente irrumpió en la oficina y se quedó allí congelado.

Al girarse en su silla, Joseph vio su rostro pálido y angustiado, e inmediatamente sintió que algo estaba mal. Algo irreparable había sucedido.

Se levantó de la silla y se acercó. David se quitó los lentes con una mano y se frotó los ojos con la otra.

- ¿Qué ha sucedido? - preguntó Joseph en voz baja.

- Tahir...

Desde Alejandría, Tahir voló a Líbano. Sus amigos y seguidores en Beirut habían obtenido permiso de las autoridades de la ciudad para hablar en la plaza central de Beirut, llamada La Estrella debido a las pequeñas calles que irradian en todas direcciones.

El discurso de Beirut de Tahir fue el último. Después del discurso, él y su grupo subieron a un automóvil que explotó tan pronto como el conductor arrancó el motor.

Joseph, quien por algún tiempo había estado monitoreando ansiosamente las tumultuosas actividades de su amigo y estaba muy preocupado por su vida, quedó conmocionado por la tragedia que había ocurrido. Había perdido literalmente a un hermano y a un devoto creyente de la Nueva Fe. Y por primera vez, enfrentó una amenaza real para él y su movimiento, porque uno de sus mejores seguidores había sido asesinado.

Joseph voló urgentemente a Alejandría, donde Tahir había nacido y crecido y donde se iba a llevar a cabo una ceremonia conmemorativa. Los monoteístas de muchos países vinieron a despedir al predicador que había muerto por su fe en el Único Dios.

Tahir fue enterrado en el famoso Cementerio Conmemorativo Militar de Hadra, ubicado en la parte oriental de la ciudad, no muy lejos de la Universidad de Alejandría, donde Abduh enseñaba y trabajaba. La mayoría de los soldados que murieron en la Primera y Segunda Guerra Mundial fueron enterrados aquí. Algunos civiles honorables también encontraron su último lugar de descanso aquí.

En el servicio conmemorativo, Joseph habló a todos los presentes:

-¡Ahora veo que somos muchos los que pensamos igual! Cada día estoy convencido de que estamos en el camino correcto, porque fuimos bendecidos en este camino por nuestros venerables profetas, que hicieron la voluntad del Todopoderoso. ¡Que haya paz en la tierra! ¡El gran hijo del pueblo egipcio, Tahir Abduh, sacrificó su vida por este propósito!

En sus opiniones filosóficas, Abduh era un sufí, un panteísta y un universalista. Pensó mucho en la posibilidad de reformar el dogma religioso, y podía estar de acuerdo con cualquier sura del Corán dada por el Profeta Mahoma, pero también era capaz de discutir con algunas de las directrices de los clérigos que rigen la ley de los musulmanes en la tierra.

Desde que conocí a Abduh por primera vez, ha estado cerca de mí como un hermano. En los últimos meses ha pasado mucho tiempo en los países del Medio Oriente y el Cercano Oriente predicando la Nueva Fe entre los musulmanes. ¡Y los resultados de su incansable trabajo, su fe en lo que está haciendo, se pueden presenciar aquí y ahora!

Es bien sabido cómo la mayoría de los musulmanes son intolerantes con cualquier innovación, especialmente con la idea de unirse con judíos, cristianos y otros no musulmanes. Era, y sigue siendo, una blasfemia para ellos, lo que hizo que muchos tuvieran miedo no solo de seguir, sino incluso de escuchar los discursos de Abduh.

Ahora puedes ver por ti mismo cuántos musulmanes se han unido a nuestro lado. ¡Y esta es una victoria indudable y sorprendente para Tahir Abduh! ¡Esta es nuestra victoria común! Inclinamos nuestras cabezas ante sus cenizas y su alma santa.

Oh, mis hermanos y hermanas, enterramos a este hombre de acuerdo con las leyes y costumbres de sus padres y abuelos. No somos kafires y no estamos en contra del Corán y del Profeta Muhammad, no estamos en contra de la Sharia. Pero les instamos, musulmanes, a dejar de ver enemigos en las personas de otras religiones, sino a verlas como personas como ustedes, que creen en el Creador, nuestro Único Todopoderoso. Predicamos lo mismo entre cristianos, judíos, hindúes y budistas.

Los que odian a la humanidad, las personas agresivas que no respetan a Dios nunca podrán detenernos, porque nuestra fe es fuerte, el Señor espera que nos respetemos mutuamente, no solo porque todos somos humanos, sino porque tenemos el mismo Protector.

Lo que todos tenemos en común es:

un Dios común,

y un hogar común: el planeta Tierra.

Las personas que llegan a esta verdad simple aprenderán a respetarse mutuamente y nunca volverán a tomar armas.

El Corán habla de la continuidad desde la Torá, y en el Antiguo Testamento, podemos aprender que los hijos de Abraham, Ismael e Isaac, son hermanos de sangre. Esto significa que Moisés y Mahoma ambos escucharon la voz del mismo Dios, el Único Todopoderoso.

Dios eligió primero al pueblo judío, que creía en él como el Uno y Único. Luego, a través de Buda, convirtió al mundo del Lejano Oriente a la fe. Más tarde, cuando llegó el momento adecuado, a través de Cristo, la fe se extendió por Europa y partes de Asia. Y finalmente, a través de Mahoma, encontró a sus seguidores en el Este. Y las naciones del mundo le dieron sus nombres al Único Todopoderoso, porque hablaban diferentes idiomas.

Una vez más, de ninguna manera estoy rechazando nada sagrado o sabio que las diversas religiones hayan sufrido durante miles de años. Pero les pido que piensen en lo que el gran hijo del pueblo árabe, Abduh Tahir, sacrificó su vida por. Lo hizo por el bien de nuestro acercamiento, tratando de lograr una comprensión mutua entre las naciones, deseando enseñarnos a ver todas las cosas buenas, amables y sabias que las religiones, tradiciones y costumbres de toda la humanidad llevan en sí mismas.

Entonces, por ejemplo, deberíamos aprender la sabiduría de la vida que han acumulado los budistas y taoístas. Los profetas Buda y Lao Tzu enseñaron paciencia, calma y optimismo. Estas cualidades ayudarán a combatir los rasgos diabólicos del carácter humano, como la agresividad, el odio, la intolerancia, el pesimismo, la envidia y la ira.

Si alguien te dice que cuanto más infieles destruyas en la Tierra, más placeres experimentarás en el Paraíso, ¡no les creas! ¡Es una vil mentira! Los "infieles" de hoy no son los paganos de los que habla el Corán. Ellos creen en el mismo Dios que tú adoras. Los judíos y los cristianos no pueden ser "infieles" para los musulmanes, y viceversa. Todos creen en el mismo Creador y, por lo tanto, ¡son fieles!

Nuestros gloriosos profetas, desde Abraham hasta Mohammed, no fueron reyes ni emperadores, ni tenían riquezas innumerables. Pero poseían las almas de millones de personas, ¡y durante miles de años, la humanidad ha creído en sus palabras! Nunca nos enseñaron a matar a nuestros hermanos espirituales. Al contrario, a través de nuestros profetas, el Todopoderoso nos ha guiado gradualmente y continúa guiándonos hacia una Fe Única en Él. La fe en el Creador enciende la chispa divina en el alma humana, y el temor al Todopoderoso impulsa a la humanidad a vivir según los mandamientos de Dios, que proclaman el amor por los demás y la obediencia a la ley. El Todopoderoso dio a la humanidad una moral común. A través de sus mensajeros, Dios exigió que las personas se comporten con decencia y dignidad hacia los demás.

Mis hermanos, ¡no esperen ser recompensados por el Todopoderoso destruyendo a personas de otras religiones, ya que también son sus hijos! ¡El Todopoderoso no te perdonará por fratricidio!

Nuestra fe es la fe en un solo Dios, solo a través de ella podemos llegar a una Humanidad Única. ¿Cómo, te preguntarás? ¡Solo trayendo paz y respeto a los demás! No hay otra manera, todo lo demás es del mal.

El punto de nuestra misión es que cada persona y cada nación aprenda a apreciar la dignidad y las diferencias en otra persona y nación. ¡Esto es lo que el Creador quiere de nosotros, los habitantes del mundo!

¡Nuestra fe es la fe en la creación y el respeto!

Quizás el respeto sea un sentimiento menos poderoso que el amor, pero más allá del amor está la amabilidad, más allá de la amabilidad está el respeto, pero más allá del respeto están el odio y el mal. ¡Esa línea no debe cruzarse! ¡Esto es lo mínimo que pido a la gente del mundo!

¡Que el Todopoderoso nos ayude a todos!

Capítulo 21

Cuando Joseph regresó a Nueva York después del funeral de Abduh, le llevó mucho tiempo aceptar la pérdida de un devoto hermano de armas.

David le informó que poderosos nuevos amigos, representantes de grandes empresas, buscan insistentemente una reunión con él.

- Ya sabes, esto es la providencia de Dios, porque el tiempo no espera; necesitamos actuar. La obra misionera por sí sola no completará nuestra misión en la tierra. Tus poderosos amigos pueden ayudarnos, ya que mi objetivo inmediato es llevar a un denominador común las contradicciones que existen entre Azerbaiyán y Armenia, y así resolver la discordia de larga data. Con su ejemplo, mostraremos al mundo que nuestra Fe es válida y fuerte.

- ¿Por qué elegiste el conflicto de Karabaj? - preguntó David con sorpresa y, tras una pausa, continuó: - ¿Y cómo pueden nuestros poderosos magnates ayudar en este caso?

- Pueden organizar reuniones oficiales con los líderes de estos estados para mí. Y luego veremos, respondió Joseph a la segunda pregunta de su amigo, ignorando deliberadamente la primera.

Joseph y David fueron llevados a un centro de negocios en el centro de Manhattan, cerca de la famosa Wall Street. Entraron en un rascacielos de vidrio oscuro con una persona esperándolos en el vestíbulo. El ascensor de alta velocidad se elevó sin ruido hacia arriba. En un minuto fueron recibidos en la entrada de la oficina por un hombre vivaz y de cabello gris que se presentó como el Sr. Higgins. Los invitados entraron en la sala con aire acondicionado y se sentaron en sillones alrededor de una pequeña mesa con refrescos.

El Sr. Higgins explicó que representa a una importante empresa estadounidense y estaba autorizado para hablar en nombre de su dirección. Luego, solemnemente, se presentó a David con una tarjeta de negocios.

Su rostro delgado y alargado, sus mejillas hundidas y su mentón alargado lo hacían parecer un aristócrata inglés de la vieja escuela. Su cabello gris ligeramente rizado estaba peinado hacia atrás y acentuaba la altura de su frente. Vestía un impecable traje azul marino; una brillante corbata roja, que reemplazaba una corbata, resaltaba claramente contra la camisa blanca como la nieve y añadía encanto a su apariencia.

- Estamos vigilando de cerca tus actividades. Y tengo que admirarte, ¡es impresionante! Realmente pareces un profeta del siglo XXI.

- Sr. Higgins, le agradezco por esa halagadora evaluación de mi actividad, pero permítame preguntarle, ¿a quién se refiere con el pronombre "nosotros"?

- Somos los jefes de corporaciones multinacionales, respondió bruscamente.

Joseph hizo una pausa, y el Sr. Higgins continuó:

- Te aseguro que estas son las organizaciones más poderosas, sobre las cuales se basa toda la economía del mundo moderno.

- ¿Por qué mi humilde persona interesó tanto a estas personas todopoderosas?

- No perderé tu tiempo con largas explicaciones. Solo nota que siempre pareció a la gente -o más bien, querían creerlo- que el mundo no es gobernado por los jefes de estado oficiales, sino por los sabios de Sión, o por la Gran Logia Masónica, o alguna otra secta secreta poderosa. Sin entrar en detalles, diré directamente que la economía moderna es gobernada por corporaciones transnacionales.

El Sr. Higgins interrumpió su discurso para tomar un sorbo de café. Joseph siguió en silencio.

- Los líderes de estas organizaciones están interesados en sus actividades religiosas porque encaja en su estrategia a largo plazo. Perdóneme por ser tan bruscamente franco.

- Siempre he preferido las duras verdades a las dulces mentiras.

- ¡Está bien! Tu idea de una religión mundial para toda la humanidad es muy atractiva, aunque parezca utópica en estos días. Pero estamos interesados en ello porque contribuye al proceso de globalización, que es nuestra prioridad. Por un lado, podemos decir que la globalización es el origen de las corporaciones transnacionales, y por otro lado, las corporaciones transnacionales surgieron a través de la integración. En general, todo aquí es interdependiente. Me disculpo por mi explicación confusa.

- Lo entiendo, Sr. Higgins. Pero ¿cómo puedo ayudarlo?

- Colaboremos. Trabajemos juntos. Y tal vez nuestro negocio sea más exitoso.

- Pero la creencia en Dios no es un negocio ni un comercio. Es una acción sagrada para cada persona. La forma de creer en Dios es a través del alma, no a través del razonamiento frío y la calculadora sobria.

- Sí, estoy totalmente de acuerdo contigo. Son esferas de actividad completamente diferentes. Pero si nuestros objetivos son los mismos, ¿por qué no unirnos?

- ¿Y cómo lo ves?

- Obtendrás ayuda financiera de nosotros. Por cierto, ¿te gusta tu nueva sede? - El Sr. Higgins giró la cabeza hacia David.

- Me gustaría aprovechar esta oportunidad, señor, para agradecerle mucho. Ya hablé con Michael y le agradecí. ¡Es una oficina hermosa! - Respondió, sonriendo ampliamente.

El Sr. Higgins se volvió a Joseph de nuevo:

- Luego, podríamos establecer un fondo en su nombre o en el nombre de su organización religiosa. Subsidiaría sus actividades según sea necesario. ¿Qué piensas?

- Cualquier ayuda desinteresada para llevar a las personas a la fe en el Creador sería bienvenida por mí, pues es una causa que agrada a Dios.

Reflexionando, Joseph añadió:

- La globalización es buena porque, a pesar de la estructura económica injusta del mundo, es posible resolver juntos importantes problemas mundiales, como la pobreza, la falta de atención médica y los conflictos étnicos.

- Sí, lo es. Pero desafortunadamente, la globalización encuentra una fuerte resistencia por parte de movimientos sociales y políticos que intentan culpar a las corporaciones transnacionales por toda la negatividad que se ha acumulado a lo largo de los años. Ellos creen que casi toda la economía mundial y sus recursos utilizados con avidez pertenecen a un grupo de personas que no les importa un comino el resto de la humanidad.

Le diré francamente, a pesar de que las corporaciones transnacionales son los dueños de facto del mundo, la confrontación con los antiglobalistas está creciendo. El descontento en los países musulmanes está creciendo rápidamente.

Entiendo que es muy prematuro e incluso utópico hablar de un gobierno mundial, pero una religión mundial es negociable. La creencia en un Dios es tan necesaria para nosotros como lo fue el cristianismo para la antigua Roma. Las corporaciones transnacionales pueden existir sin fronteras económicas, no les interesan las nacionalidades ni las tradiciones, solo les interesa el dinero y los recursos, es decir, los asuntos interestatales.

La única posibilidad de integración económica, en la que las corporaciones transnacionales obtendrían fabulosas ganancias, es la presencia del gobierno, en otras palabras, el poder. Esto, a su vez, divide aún más un mundo ya dividido. El resultado es un círculo vicioso del que debemos encontrar una salida. Sus actividades religiosas nos ayudarán a romperlo.

- Puede que tenga razón, pero también debemos entender a los ciudadanos comunes que pueden establecer paralelismos entre las increíbles ganancias de sus corporaciones y la pobreza de naciones enteras. Sin embargo, este no es el lugar para discutirlo. Al contrario, aprecio su compromiso con nuestro movimiento y estoy agradecido por su apoyo a la unificación de la humanidad basada en la fe en un solo Creador. Soy consciente de que el orden mundial moderno se adhiere al concepto y la práctica de la soberanía ilimitada de las naciones. Esto, a su vez, significa que cada país tiene el derecho de perseguir sus objetivos por medios militares. En tal arreglo, cada nación debe estar preparada para tal resultado y, por lo tanto, debe hacer todo lo posible para superar a cualquier otra. Este deseo ha subordinado, está subordinando y seguirá subordinando toda la vida social de la humanidad y envenenará a las generaciones más jóvenes mucho antes de que la catástrofe misma caiga sobre sus cabezas. No debemos tolerarlo, pues ha llegado el momento en que la fe en el único Creador nos unirá en un solo espacio espiritual.

En cuanto a nuestro acuerdo, Sr. Higgins, debe entender claramente que no caeré en trucos o intrigas, porque estoy aquí en esta tierra en una misión importante. Este es el trabajo de Dios y debo terminarlo con manos limpias.

El Sr. Higgins escuchó a Joseph con una expresión deferente, sin revelar su incredulidad por un momento. Pero este hombre sabio y experimentado podía sentir todo el poder que emanaba de Joseph. Sus palabras eran tan convincentes que uno quería seguirlo y hacer lo que decía.

Después de que Joseph y David dejaron la oficina, el Sr. Higgins estuvo bastante impresionado durante un tiempo.

Capítulo 22

Al día siguiente, David llamó a Michael y le informó sobre la solicitud de Joseph de organizar una reunión con los presidentes de Armenia y Azerbaiyán. No se sorprendió en absoluto.

Michael prometió llamar de vuelta en tres días.

Exactamente a la hora acordada, contactó a David e informó que, en términos generales, había recibido una respuesta positiva. Lo único necesario era hacer un plan de una gira diplomática por Transcaucasia, especificando la ruta y las fechas exactas de visita, en resumen, toda la parte del protocolo de las visitas de Joseph.

La primera reunión sería con el jefe de Armenia.

Joseph voló a Ereván al día siguiente. Por la mañana lo llevaron a la residencia del jefe de estado. El presidente estaba esperando al famoso invitado en su oficina, donde Joseph fue escoltado desde la recepción. El jefe salió de detrás de un gran escritorio y se dirigió hacia Joseph. Mientras se daban la mano, sus ojos se estudiaban intensamente.

El presidente armenio era un hombre alto y delgado con una sonrisa agradable en su rostro. Señaló al invitado una silla grande y se sentó frente a él. Un asistente se sentó a su lado.

- Mi consultor estará con nosotros, si no le importa - explicó.

Joseph asintió con la cabeza en señal de acuerdo.

- Corre el rumor de que eres originario de... - el presidente hizo una pausa.

- ...de Bakú, continuó Joseph su pensamiento. - Es verdad, nací en esa ciudad.

- ¡Increíble! Yo mismo soy de Karabaj, pero viví y trabajé en la capital de Azerbaiyán.

- Tal vez esto nos ayude a entendernos mejor. Sé que las negociaciones entre Armenia y Azerbaiyán han estado en curso durante muchos años, pero sin resultados. Señor Presidente, ¿ha oído hablar de la Fe que mi seguidores y yo predicamos en todo el mundo?

- ¡Por supuesto! Sus enseñanzas son extremadamente atractivas, pero poco realistas, perdóneme la franqueza. La humanidad todavía no está lista para ello.

- Sí, tienes razón, la humanidad no está lo suficientemente madura. Pero dime, ¿estaban las personas listas para las prédicas de Cristo o Moisés o Mahoma? ¿O tal vez las palabras de Buda y Krishna? Te puedo asegurar que incluso menos que las personas modernas estaban preparadas para la Nueva Fe. Por lo tanto, nunca es demasiado temprano para empezar algo, especialmente por el bien de la gente. Gradualmente, la humanidad seguirá esta Fe, la aceptará. Lo que te ofrezco se basa precisamente en la idea del Único Creador, que no divide al armenio y al azerí. Sí, tienen diferentes tradiciones, pero el Todopoderoso es uno, y esto es lo más importante. Creer en esto ayudará a encontrar un terreno común entre las dos naciones.

Joseph ya había logrado convertirse en un hábil orador, capaz de convencer a cualquiera. Palabras perfectamente simples, triviales o a veces sonando al borde de la ficción, adquirirían un profundo significado en su boca, y la gente lo escuchaba, como si estuviera imbuida de fe en estas proclamaciones.

Lo mismo estaba sucediendo ahora con el presidente. Un político experimentado, inteligente, astuto y sagaz, de repente se sintió débil e indeciso, sintió un magnetismo especial y atractivo que llegaba hasta lo más profundo de su corazón. Temeroso, el jefe de estado de repente imaginó lo que podría esperarlo si aceptaba la propuesta de un hombre tan extraordinario. Se dio cuenta de que no duraría un mes en el cargo si decidía llevar a cabo el plan de Joseph.

Mientras tanto, Joseph hablaba sobre la coexistencia de armenios y azeríes sobre la base de un contrato económico. Planeaba crear una zona económica libre en el territorio de Nagorno-Karabaj y preferiblemente en los territorios fronterizos de Azerbaiyán, actualmente inhabitables debido a su infraestructura arruinada. Su gestión sería confiada a una dirección especial, que podría incluir representantes de empresas inversoras transnacionales y altos directivos de Azerbaiyán y Armenia. Se descartó cualquier superestructura política; solo las estructuras económicas como un gigantesco sindicato deberían operar en la zona. Las corporaciones internacionales responsables del desarrollo económico de Nagorno-Karabaj acordaron patrocinar el experimento. Las tropas internacionales de mantenimiento de la paz serían responsables de la seguridad del territorio. La zona económica libre estará abierta para viajar libremente tanto a Azerbaiyán como a Armenia. Será suficiente mostrar el pasaporte de un ciudadano de uno de estos países. Se planea un régimen de visas para otros visitantes. Todos los refugiados podrán regresar a sus hogares abandonados sin obstáculos. Si lo desean los residentes de Armenia o Azerbaiyán, un comité bajo la Junta de Directores considerará cada solicitud individualmente.

Puede tomar veinte o treinta años implementar este proyecto, eso lo decidirán los especialistas. Durante este tiempo, armenios y azerbaiyanos volverán a aprender a vivir y trabajar juntos, sus vidas cotidianas mejorarán y comenzará el crecimiento económico. Y solo entonces, en condiciones psicológicas, morales y económicas completamente diferentes, así como con la seguridad garantizada de todas las personas que viven en esta tierra, Azerbaiyán y Armenia podrán tomar una decisión sobre el estatus político de Nagorno-Karabaj.

Siempre muy cauteloso, el presidente armenio dijo que le gustó el plan de Joseph pero necesitaba unos días para pensarlo.

Esa misma noche, Joseph voló a Bakú.

Las autoridades azerbaiyanas sabían que el famoso invitado era su compatriota, así que lo recibieron en el aeropuerto con toda la pomposidad propia del Cáucaso. Fue recibido por el jefe de la administración presidencial, varios miembros del Mejlis y funcionarios que ocupaban altos cargos en el estado.

Estaba programado que se reuniera con el presidente azerbaiyano al día siguiente por la mañana. Joseph fue llevado a un lujoso palacio donde se alojaban los invitados de mayor rango. La mansión se encontraba en el centro de la ciudad, más precisamente en el fondo del Parque Nagorny, cerca del bulevar por el que Joseph paseaba con Azad. Joseph recordó las interminables filas de tumbas de soldados, entre las que se encontraba la tumba de Rafik.

El invitado fue escoltado a su habitación y dejado solo. Sin notar el lujo a su alrededor, Joseph se duchó y se fue directo a la cama. Los vuelos largos siempre lo agotaban.

El automóvil llegó a recogerlo a las once de la mañana. Joseph fue conducido a la residencia del presidente, donde ya lo estaban esperando cinco o seis personas en la gran sala de recepción, y Joseph pasó junto a ellos hacia la oficina bellamente amueblada.

Inmediatamente vio al jefe de estado acercándose rápidamente hacia él con palabras de bienvenida:

- ¡Qué bueno verte, distinguido Joseph, en tu patria! ¡Por favor, siéntete como en casa!

Le estrechó la mano firmemente, luego lo tomó del codo y lo llevó de manera bastante familiar, como si fueran viejos amigos, hacia los sillones junto a los que había jugos y frutas en una mesa larga y baja.

- Por favor, siéntense y sírvanse.

- ¡Gracias por la cálida bienvenida! -respondió Joseph, un poco sorprendido por el ambiente informal.

- ¿De qué escuela de Baku te graduaste? - preguntó de repente el presidente.

- Fui a la escuela número ocho.

- ¡Y yo estudié en la sexta! - dijo jovialmente el jefe del país y continuó: - Tienes una cara familiar. Me parece que cuando éramos jóvenes, podríamos habernos encontrado fácilmente. Aunque ha pasado tanto tiempo...

- Es bastante posible, porque en Baku muchas personas se conocían, especialmente las que vivían y estudiaban en el centro de la ciudad.

- ¡Sí, sí, es cierto! - Hubo un toque de nostalgia en la voz del presidente.

Hubo silencio por un momento. Todos estaban pensativos por un momento.

- No importa lo que digan, tuvimos una buena infancia y juventud, suspiró tristemente. Era evidente que sus pensamientos estaban en algún lugar lejano.

- Sí, la gente de Baku era famosa en toda la Unión Soviética. Era una especie de nacionalidad cuasi-especial, añadió Joseph.

- Y todos eran amigables y vivían alma con alma... ¿Podríamos haber imaginado en ese momento cuánto íbamos a experimentar?

- El espíritu que reinó en Baku en esos años era realmente real. ¡Y lo más fenomenal es que existió a pesar del trasfondo histórico, a pesar de la situación política y económica, a pesar de todo! Tal vez fue algo divino. Podemos decir con confianza que Dios, a través del ejemplo de Baku, mostró a la gente una verdadera comunidad de naciones, basada en la cercanía espiritual. Dios estaba con nosotros en ese momento, pero la gente no notó Su regalo. Llegó el tiempo de los cataclismos políticos y el niño fue arrojado del abrevadero con el agua. Ahora otro milagro ha sucedido, y Dios se dignó a su siervo Joseph y me confió la gran misión de sembrar la paz y el respeto entre las naciones.

- Creo que deberíamos empezar con las personas y luego trabajar con las naciones, sugirió el presidente.

- Ya sabes, en la época de Jesucristo y Mahoma, por no mencionar a Moisés y Buda, las naciones vivían aisladas, a veces sin saber de la existencia de las demás. Raramente se enfrentaban entre sí, estaban territorialmente separadas. El mundo es muy diferente ahora. Se ha encogido tanto que es posible dar la vuelta al mundo en avión en veinticuatro horas. La integración económica, política y militar ha alcanzado proporciones tales que es simplemente peligroso vivir en nuestro planeta sin paz y respeto mutuo.

- Sí, por supuesto, tienes razón - dijo el jefe respetuosamente.

- Creo que entenderás mi deseo natural, puramente humano, de restablecer la paz en la tierra de Azerbaiyán, donde perdí a personas cercanas a mí.

- Y Joseph contó acerca de sus amigos muertos en Karabaj y Chechenia.

- Simpatizo con tu dolor y ofrezco mis condolencias a todos aquellos cuyos seres queridos dieron sus vidas por nuestra tierra.

- Los muertos no pueden ser devueltos. Ahora debemos pensar en los vivos. Tanto armenios como azerbaiyanos creen en el mismo Dios Creador. No hay antagonismo entre ellos, como entre todos los pueblos del mundo, aunque no lo reconozcan ahora. De hecho, están unidos por un hilo espiritual invisible, basado en la fe en el Único Todopoderoso. Todas las barreras religiosas entre las naciones son obra de los humanos, no de Dios.

- Estoy familiarizado con tus opiniones, pero debes entender que nuestro conflicto está lejos de ser religioso, ya que a poca gente le importa que los armenios sean cristianos y los azerbaiyanos musulmanes. Usted, más que nadie, debería saber que nuestras naciones no son tan religiosas como para manipular esto. Y el hecho de que algunos funcionarios interpreten este conflicto en términos de un choque de civilizaciones y religiones es pura profanación, una mentira propagandística que conduce a una confrontación aún mayor entre nuestras naciones. Por así decirlo, una hermosa y espectacular portada brillante, bajo la cual se cometen sucios actos políticos.

- Sí, sé que es así. Pero creo en mi propósito. Mi fe puede convencer a la gente de cambiar sus puntos de vista.

- Nos alegraría hacerlo. Pero Karabaj es nuestra tierra, y nunca estaremos de acuerdo, incluso por el bien de la paz mundial, en dársela a los armenios.

- Pero debes estar de acuerdo, Sr. Presidente, que para dar algo o no, al menos debes tenerlo. Has estado tratando de hacerlo durante más de diez años.

- ¡Si es necesario, intentaremos durante otros veinte, solo para obtener lo que queremos! - De repente, su interlocutor lo interrumpió abruptamente.

- Disculpe, pero no estoy aquí para iniciar una polémica contigo.

- ¡Soy elegido para defender los intereses del pueblo azerbaiyano! ¡El pueblo y yo, como líder de la nación, no tenemos la intención de dar a los armenios ni siquiera una pulgada de nuestro territorio!

- Y no te estoy pidiendo que lo hagas.

Y Joseph presentó al jefe su plan para resolver el conflicto convirtiendo temporalmente el área en disputa en una zona económica libre donde azerbaiyanos y armenios trabajarán juntos y donde las empresas transnacionales invertirán. Si Dios quiere, la prosperidad económica de la región y el tiempo harán su trabajo: la gente común perdonará toda la desgracia y el mal que se han causado mutuamente.

- Y ¿quién estará a cargo de este territorio, a quién pertenecerá?

- Preguntó el Presidente con una leve sonrisa en los labios.

- El territorio de Karabaj ha pertenecido a Azerbaiyán y seguirá perteneciendo a Azerbaiyán. Azerbaiyán deberá ceder esta zona en arrendamiento a largo plazo. Los términos se coordinarán con los patrocinadores económicos, quienes calcularán cuánto tiempo se tardará en levantar la región. Se eliminará cualquier superestructura política. Solo se crearán organizaciones de gestión económica, como la Junta Directiva, que incluirá especialistas azerbaiyanos y armenios, así como acreedores extranjeros. Ellos se convertirán en los verdaderos administradores de la zona durante la duración del contrato. No habrá militares azerbaiyanos, armenios o karabajíes allí. Las fuerzas internacionales de mantenimiento de la paz de la Unión Europea controlarán la región. La policía se reclutará de la población local. Se creará una comisión especial bajo la junta directiva para controlar la observancia de los derechos humanos en la región, y estará compuesta por los aksakales, los más respetados y escuchados por la población local. Todos los que hayan vivido en esta tierra antes podrán regresar a casa.

Después de una breve pausa, el Presidente dijo:

- En cualquier caso, el pueblo azerbaiyano tiene la última palabra. Nos dirigiremos a él y averiguaremos su opinión. También pensaré en ello y le daré mi respuesta.

- ¡Señor Presidente, permítame hacerle una petición urgente! Me gustaría hablar con la gente en Bakú y otras regiones del país.

- ¿Por qué necesitas mi permiso, querido Joseph? Tenemos un país libre, y todos pueden reunirse con cualquier persona y en cualquier lugar, dentro de los límites de la ley existente.

- Entonces cambiaré mi mensaje un poco. ¿Sería tan amable de facilitar mis reuniones con el público? Después de todo, es imposible organizar eventos públicos sin la cooperación de las autoridades locales.

- ¡Oh sí, por supuesto! Todo estará bien. No tienes que preocuparte por eso.

- Una cosa más, señor presidente. Nací en Bakú y perdí a mis amigos aquí. Créame, regresé aquí para ayudar al pueblo azerbaiyano en este momento difícil. Ojalá la hija de mi amigo fallecido, que vive en Armenia, pudiera ver a su pobre abuela viviendo en Bakú.

Al día siguiente, Joseph voló a Khankendi, el centro de distrito de Nagorno-Karabaj.

(En tiempos soviéticos, la capital de la Región Autónoma de Nagorno-Karabaj se llamaba Stepanakert. Después del conflicto armado, Bakú renombró, o más bien, devolvió el nombre pre-revolucionario - Khankendi. Pero los armenios continúan llamando a la ciudad, como en tiempos soviéticos, Stepanakert).

David organizó reuniones de los colaboradores más cercanos de Joseph con los viceministros de relaciones exteriores de Rusia, Francia y representantes del Departamento de Estado de los Estados Unidos. Todos los países involucrados en el proceso de negociación para resolver el conflicto de Karabaj recibieron con agrado la iniciativa de paz de Joseph. Todos se vieron muy influenciados por la aura especial que lo acompañaba. La gente realmente comenzó a creer y esperar que este hombre pudiera hacer lo casi imposible: resolver un problema interétnico complicado y de larga data de una manera justa para ambas partes.

En Stepanakert, Joseph fue recibido cálidamente por las autoridades locales lideradas por el presidente y el presidente de la Asamblea Nacional de Karabaj. Los invitados fueron llevados en coche a un nuevo hotel en el centro de la ciudad.

Por la noche, toda la delegación fue invitada a una cena de gala en un restaurante donde se reunió toda la dirigencia de Karabaj. La mesa era exuberante al estilo caucásico, y se sirvieron muchas bebidas. Los habitantes de Karabaj hicieron lo mejor para los invitados estadounidenses, ya que estaban halagados por la atención de un hombre tan famoso en todo el mundo como Joseph.

Pero él, quien era considerado el Mesías, el último profeta y casi un mensajero de Dios, se sentó modestamente, comió poco y solo ocasionalmente sorbió un vaso de vino tinto espeso y ácido hecho con variedades de uva locales. Al final de la comida, pidió la palabra y todos se callaron.

- ¡Mis queridos hermanos y hermanas! ¡Gracias por el pan y la sal, y gracias por la cálida y amistosa bienvenida! He venido aquí con el objetivo de devolver la paz a esta tierra hermosa y largamente sufrida. Mi sueño es que todos despertemos y miremos con ojos diferentes a nuestro alrededor, a la gente que nos rodea. ¡Créanme, no hay nada como el respeto mutuo y la existencia pacífica entre vecinos! Esta tierra es muy valiosa para mí. Nací cerca de aquí y perdí a mis amigos aquí.

¡Quiero intentar con ustedes convertir esta tierra en un lugar de paz, donde la gente pueda trabajar, formar familias y criar niños!

Al día siguiente, Joseph se reunió con el liderazgo de Karabaj y explicó la esencia de su proyecto. Había escepticismo e incertidumbre en los rostros de los que estaban en el poder, pero no mostraron descontento directo y se comportaron con respeto.

Al final de su discurso, Joseph pidió permiso para dirigirse al pueblo en la plaza principal de la ciudad.

En medio del mismo día, la gente comenzó a reunirse para escuchar al distinguido invitado. Incluso vinieron personas de aldeas lejanas para escucharlo.

Joseph se paró en la plataforma. Su rostro delgado y alargado, su cabello largo ondeando en el viento y su pequeña barba lo hacían parecer un profeta de antaño.

- ¡Hermanos y hermanas! -como siempre comenzó su discurso. -¡El Todopoderoso nos da de nuevo la oportunidad de reunir nuestros espíritus y sacudir la somnolencia y ceguera del diablo! ¡Llama nuevamente a sus hijos para que abran sus ojos y despierten del mal sueño en el que todos todavía habitamos!

¿Qué nos traerá este despertar y purificación? Veremos y nos daremos cuenta de nuestro Creador del universo y de la tierra de una manera nueva. Nos daremos cuenta de que Él es Uno e Indivisible. Dios es todo, está presente en cada persona, pertenece a todos nosotros y todos pertenecemos a Él. Cuando creamos esto, nos miraremos el uno al otro con ojos diferentes.

Las naciones se darán cuenta de que pertenecen al Único Dios, que todas las religiones llaman a las personas a adorar al Todopoderoso. Puede ser llamado por diferentes nombres, pero es Uno. Esta realización de la Unidad y la Indivisibilidad nos ayudará a reducir el sufrimiento que sentimos debido a las interminables luchas, debido al sentido de hostilidad mutua, desconfianza y alienación del diablo. La fe en el Único Dios será el puente que unirá a los azerbaiyanos y armenios, ayudará a superar el sentido superficial de hostilidad y ayudará a las personas a perdonarse mutuamente. ¡Por el bien del futuro, por el bien de nuestros hijos, ambos lados deben aprender a vivir en paz y armonía! ¡Porque no hay otra manera!

Se escucharon gritos desagradables de la multitud. El coro de voces insatisfechas comenzó a crecer, lo que impidió que Joseph hablara. Uno de los organizadores del evento agitó las manos frenéticamente, tratando de calmar a la multitud. Pero la multitud no se calmó y se calentó cada vez más.

Finalmente, un anciano con cabello gris y barba completamente blanca salió de la primera fila, se acercó a Joseph y dijo:

- Usted habla en nombre de Dios, pero no sabemos quién es usted.

- ¡Envíenlo lejos, es un espía de Azerbaiyán! - alguien gritó enojado.

El anciano gritó enojado a la multitud:

- Gente, les pido solo una cosa: ¡por favor no insulten!

Y continuó:

Aquí dicen que debemos vivir y trabajar juntos con los azerbaiyanos. ¿Pero sabían que cada tercera persona aquí ha perdido un hijo, padre o hermano defendiendo su tierra de ellos? Los azerbaiyanos son nuestros enemigos, y ya no podemos vivir con ellos. ¡Y nuestros hijos y nuestros nietos nunca lo olvidarán!

El anciano se quedó en silencio. Y la multitud estalló en vítores, aplaudiendo sus palabras. Luego hubo algunos gritos de aliento para dispersarse, para no perder el tiempo y escuchar a los bribones.

La multitud disminuyó rápidamente, y Joseph y sus tres asistentes observaron la escena sin moverse.

Pronto, todo lo que quedó de la gran multitud fue un pequeño grupo que se detuvo vacilante en su lugar, mirando al predicador. Joseph se acercó a ellos. Cuando lo vio, el mayor entre ellos se acercó a él.

- Disculpe a nuestros compatriotas ... Nuestra gente es dura y grosera. Pero también debes entenderlos. Hemos pasado por mucho aquí ...

- No estoy ofendido en absoluto. Entenderán que están equivocados. Solo toma mucho tiempo.

En frente de Joseph se encontraba un hombre de mediana edad con aspecto inteligente, vestido con un traje sin corbata. Parecía un maestro rural.

- Honorable Joseph, no tiene idea del honor que es para nosotros verlo en Stepanakert. ¡Estoy tan feliz de tener la oportunidad de conocerlo en persona! Me llamo Rubén, trabajo en una escuela aquí, enseño física y al mismo tiempo soy el jefe del departamento educativo. Realmente estás haciendo un trabajo que agrada a Dios, tratando de reconciliarnos con los azerbaiyanos. Mis compañeros y yo, señaló a las personas paradas a un lado, estamos en total solidaridad contigo. Pero somos minoría aquí, y nadie nos escucha. Casi somos vistos como traidores.

- No importa que sean pocos, lo importante es que existan. ¡Querido Rubén, tú y tus amigos están en el camino correcto! Si eres fuerte en tu creencia de que la única forma de asegurar una vida normal y decente para los niños de esta tierra es la convivencia pacífica con tus vecinos sobre una base justa, ¡esta creencia seguramente se transmitirá a otros!

Como Joseph y sus acompañantes tenían programado partir al día siguiente, Rubén los invitó a su casa para cenar.

En su hogar, presentó a los estadounidenses a su familia, su esposa Vera y su hija Svetlana, quien había venido de Yereván para quedarse con sus padres por unos días. Joseph se sintió atraído por la joven, hermosa e inteligente. Hablaron mucho sobre Dios y las personas, sobre el futuro y la esperanza de lo mejor.

- Sigo sus actividades religiosas por internet y simpatizo mucho con sus ideas. ¡Oh, ahora siento que estoy soñando! Usted, un hombre tan famoso en el mundo, y de repente está sentado en la casa de mi padre hablando con una chica sencilla.

- Las personas no se dividen en simples y no simples. Todos tenemos la chispa de Dios, porque los seres humanos surgieron según la voluntad de Dios, y cada uno de nosotros tiene una parte del Espíritu de Dios en nosotros, lo que llamamos alma. Aunque la Biblia dice que la mujer vino de la costilla de Adán, defiendo los derechos iguales del hombre y la mujer. Y me atrevo a decir que el poder de la chispa divina en las mujeres no es menor que en los hombres. Pero hablemos de ti. ¿Qué haces?

- Enseño literatura y lengua rusa en el Instituto Pedagógico Estatal de Yereván. Después de graduarme, quedé como asistente en el departamento, y desde el año pasado comencé a dar conferencias, - dice Svetlana con orgullo.

- ¡Oh, qué interesante! Solía amar leer libros. Pero últimamente, no he tenido tiempo - confesó Joseph.

- ¿Realmente te comunicaste con Dios? - preguntó de repente ella.

- No, no lo hice. Los grandes profetas vinieron a mí en un sueño, y hablé con ellos. Me instruyeron en el nombre de Dios y me convencieron de que sería capaz de cumplir la misión confiada por el Todopoderoso. Puedes preguntar, ¿por qué yo? No tengo respuesta. Esto es la providencia de Dios.

- Joseph, entiendo la idea que transmites a la gente. Pero dicen y escriben tantas historias de horror sobre los azerbaiyanos que es difícil para una persona promedio imaginar cómo puede llevarse bien con tales personas.

- Nací y viví en Azerbaiyán. Créeme, son las mismas personas que los armenios. Creo que la gente gradualmente aprende a escuchar sus corazones. Para acercarse a Dios, uno necesita trabajar en el alma, y en este camino, uno puede entender que todos somos seres humanos y todos merecemos una vida buena y pacífica. Nuestro sueño es que los niños azerbaiyanos y armenios nunca vuelvan a empuñar armas y, con la ayuda de los adultos, aprendan a vivir y trabajar juntos.

- Sí, estoy de acuerdo. Este odio mutuo debe detenerse. La enemistad constante convierte nuestra vida en un infierno, suspiró Svetlana pesadamente.

Al despedirse, Rubén le dio un pequeño consejo a Joseph: si el predicador realmente quiere ayudar a las dos naciones, debería mudarse a Karabaj por un tiempo por la memoria de sus amigos caídos, por el bien de la Fe, porque es imposible resolver este problema difícil solo con proclamaciones.

Capítulo 23

Sentado en el "Boeing" que lo llevaba a Nueva York, Joseph era muy consciente de que observar los eventos en Karabaj desde afuera no le aportaría nada. Sabía muy bien la pesada carga que había puesto voluntariamente sobre sus hombros. Pero su fe en su misión divina le daba la fuerza para tener esperanza de que la cumpliría.

Poco después de su llegada, recibió malas noticias de Karabaj: Ruben había sido severamente golpeado por agresores desconocidos y estaba en el hospital. Joseph estaba muy molesto. Las últimas palabras de Ruben resonaban en su memoria: Tienes que estar aquí. Sin tu presencia, el caso no avanzará.

Y realmente no estaba avanzando. Todos a su alrededor le prometían su ayuda, pero nadie estaba haciendo nada. Armenia no quería sacar tropas de Karabaj, la Unión Europea no tenía prisa por aprobar el plan de Joseph. Azerbaiyán estaba en silencio, nunca respondiendo a su propuesta. Todos pedían un aplazamiento, pero en realidad estaban ganando tiempo. Esta es la razón por la que tales conflictos se vuelven crónicos y persisten durante décadas. El ganador o la parte más fuerte está interesado en prolongar la disputa, porque ya domina el territorio en disputa. El perdedor o la parte más débil, por otro lado, quiere restaurar la situación que existía antes de que comenzara el conflicto. Ya lo han perdido todo, así que no tienen prisa por documentar el verdadero estado de las cosas.

Joseph decidió volar urgentemente a Karabaj. Al enterarse de esto, David trató de disuadirlo de esta peligrosa aventura:

- Joseph, ¿qué estás haciendo? ¡Tenemos tantas cosas urgentes que hacer! No podemos hacerlo sin ti.

- David, mi lugar está allí. Y aquí puedes manejarlo solo. Debes entender, ¡tengo que hacerlo! De lo contrario, no tiene sentido.

- ¡Oh, profetas modernos, qué impacientes son! Piensen en Cristo y en el tiempo que le tomó explicar sus enseñanzas a la gente y no exigir cambios instantáneos. ¡Ese proceso tomó cientos de años! Solo se les encargó poner la semilla en tierra fértil, y luego sobrevivirá, romperá, crecerá y florecerá por sí misma.

- Sí, pero Cristo realizó milagros que confirmaron su naturaleza divina. La resolución del conflicto de Karabaj hoy también es una especie de milagro, después del cual la gente ya no nos dudará.

Dos días después de la partida de Joseph de Karabaj, Ruben y sus asociados con ideas afines organizaron una manifestación que reunió a los pocos seguidores de la Nueva Fe, así como a representantes de varios partidos. El partido que lideraba Ruben se llamaba Partido de la Reconciliación.

El maestro se dirigió a la multitud con un discurso alentador:

- Seré breve. Hay una oportunidad real de resolver nuestro antiguo conflicto con los azerbaiyanos. Dios está con nosotros y debemos ayudar al Venerable Joseph en su santa misión. Comprendan, gente, mis compañeros y yo pensamos primero en nuestros hijos y nietos, ¡quienes tendrán que vivir en esta tierra junto a los azerbaiyanos! ¿Entonces les vamos a dejar un legado tan terrible, guerras incesantes? ¿Por qué condenarlos a un miedo constante, ponerlos en riesgo, en lugar de hacer la paz en esta tierra o al menos avanzar en esa dirección?

¡Es importante empezar sin demora! El conflicto ha estado ocurriendo durante más de una década. Nuestros hijos, que eran adolescentes en ese entonces, a diferencia de nosotros, no tienen amigos azerbaiyanos. Sí, nosotros, sus padres y abuelos, hemos estado peleando entre nosotros todo este tiempo, aunque la mayoría de nuestra generación tiene un pasado pacífico cuando éramos amigos de nuestros vecinos. Estos lazos personales son muy importantes para resolver el problema, porque es una cosa tratar de reconciliar a un cierto Ashot, quien conocía a un cierto Mammad, y otra muy distinta tratar de reconciliar a un armenio abstracto y un azerbaiyano. ¡Después de todo, será mucho más difícil resolver estas disputas continuas después de que nuestros hijos vengan a ocupar nuestro lugar que ahora!

Se escucharon gritos de aprobación desde la multitud. Algunos comenzaron a recordar a sus amigos o vecinos azerbaiyanos, algunos episodios divertidos o buenas historias del pasado que los hicieron sonreír.

- Y lograremos la paz -continuó Ruben- con compromisos, concesiones mutuas y un sentido de responsabilidad hacia la posteridad, pero no a través de la búsqueda de intereses políticos y económicos.

Esta vez, el orador fue recibido con gritos amenazantes. Un viejo amigo del radical partido Dashnaktsu-Tun se acercó a él:

- Escucha, Ruben, como amigo te pido que dejes de hablar así...

- ¿Me estás amenazando?

- No, te lo pido como un viejo amigo, no provoques a la gente, es muy serio. ¡Has ido demasiado lejos!

A pesar de las amenazas, Ruben continuó hablando sobre la iniciativa del Partido de Reconciliación: una oportunidad para reunirse con una organización azerbaiyana cercana en espíritu a su partido, que también busca la paz y el compromiso mutuo para un futuro pacífico para sus hijos y nietos. La reunión se llevaría a cabo en territorio neutral en Tiflis. Esta noticia enfureció a los Dashnaks y decidieron darle una lección a Ruben.

El profesor había trabajado hasta tarde ese día y llegó a casa después de oscurecer. Como de costumbre, cuando abrió la puerta, entró en su jardín y en ese momento sintió un dolor intenso en la parte posterior de la cabeza, tras lo cual perdió el conocimiento.

... A través de la pesada inconsciencia, pudo escuchar los amargos sollozos de alguien. Rubén intentó abrir los ojos, pero un dolor agudo le atravesó la garganta y volvió a apagarse.

Después de un rato, recuperó la conciencia. Abrió cautelosamente los ojos y al mismo tiempo, recordó todo...

Ahí está la puerta, entra en su patio delantero... Allí fue golpeado en la cabeza con algo pesado... Y ahora estaba acostado en una cama de hospital con su esposa sentada a su lado, llorando y sollozando intermitentemente.

Al ver a su esposo despierto, Vera involuntariamente exclamó. Corrió para llamar a una enfermera o un médico.

- ¡Te dije que te mantuvieras alejado de la política! ¿Quieres dejar atrás a tres huérfanos y una viuda? ¡Si no piensas en ti mismo, al menos piensa en los niños y en mí! - Lloró y gritó.

Los médicos diagnosticaron al paciente con dos costillas rotas y una grave conmoción cerebral. El médico le aseguró que Rubén tuvo suerte, de lo contrario, un golpe así podría haber sido fatal.

Un investigador vino y registró el testimonio de la víctima. No hubo testigos del accidente. Los vecinos no vieron ni escucharon nada.

Capítulo 24

Joseph y sus dos asistentes llegaron a Ereván y de inmediato abordaron un avión pequeño que hacía ruidos extraños. Durante todo el vuelo, la máquina temblaba de vez en cuando, sacudiendo a sus pasajeros.

Joseph llevaba carga a Stepanakert. Eran computadoras nuevas para la escuela donde trabajaba Ruben. Esta vez su recibimiento fue menos pomposo. El jefe de la ciudad y el director de la escuela estuvieron presentes. Los invitados fueron llevados a un hotel, y el envío fue enviado a la escuela.

Después de un tiempo, un auto vino a recoger a Joseph. Era un modelo seis Zhiguli de la era soviética. Joseph fue a la casa de Ruben para visitar a su esposa, ya que era demasiado tarde para ir al hospital. Allí vio a Svetlana, quien había volado a Stepanakert tan pronto como se enteró del accidente de su padre. Durante todo ese tiempo, la imagen de la hija de Ruben se presentó ante Joseph.

Esa noche se quedaron despiertos hasta tarde. Joseph consoló a las mujeres tanto como pudo.

- Por favor, Joseph, dile a mi padre que no se involucre más en la política. Ves lo peligroso que es. Te escuchará, casi llorando, pidió Svetlana.

- Tu padre está haciendo un trabajo que agrada a Dios y puedes estar justamente orgullosa de él. Sí, implica un riesgo para la vida, pero esas personas que luchan por la paz y el respeto mutuo se convierten en héroes nacionales, a diferencia de aquellos que llaman al odio y al asesinato.

Por la noche, acostado en su cama de hotel, Joseph no pudo dormir durante mucho tiempo. Seguía pensando en Sveta. Cada vez le gustaba más. Con ella, sentía una paz interior. Su corazón se estremecía dulcemente cuando sus hermosos ojos lo miraban emocionados.

Al día siguiente, desde temprano por la mañana, Joseph fue al hospital. Ruben ya estaba medio acostado en su cama. Había otras cuatro personas en la habitación con él. Los asistentes se quedaron en el pasillo, y Joseph entró, saludó a todos y se sentó junto a su amigo.

- ¿Cómo te sientes, amigo mío?

- Me estoy recuperando.

- Tu esposa está muy preocupada, pero la calmé tanto como pude.

- Gracias, Joseph, por todo. Me alegra mucho que hayas venido. Haremos mucho juntos.

- Escucha, Ruben, traje computadoras para los niños...

- No sé cómo agradecerte. Eres un mago, puedes hacer cualquier cosa. Los niños estarán felices, ¡necesitaban tanto esas computadoras! ¡Guau, las trajiste para toda la escuela! ¡Eso es genial!

- Sí, es una buena acción para nuestros hijos - asintió con la cabeza uno de los pacientes respetuosamente.

- ¡Los niños estarán muy felices! - Exclamó otro.

- ¿Cuándo algunos adultos se darán cuenta de que deberían vivir en un futuro feliz y pacífico? - Preguntó Rubén tristemente.

Joseph se quedó un rato más con él y comenzó a despedirse:

- Rubén, he venido aquí por mucho tiempo. Tienes razón, debería estar contigo. ¡Recupérate pronto! Sabes cuánto trabajo importante tenemos por delante. Que Dios te bendiga.

- Sí, Joseph, nunca dejas de sorprenderme. Gracias por todo. Haré lo mejor que pueda. Pero te pido solo una cosa: ten cuidado, esto no es América aquí.

En el mismo día, Joseph presentó las nuevas computadoras en el salón de actos de la escuela, que estaba lleno hasta la capacidad con niños, profesores y padres.

El director de la escuela habló primero. Agradeció al generoso patrocinador en nombre de los profesores y padres por tan rico y necesario regalo para los estudiantes. Luego se le dio la palabra a Joseph:

- ¡Mis queridos niños, queridos padres y profesores! Nuestra generación más joven merece todo lo que necesitan para una vida decente. Personas como Rubén y yo, con la ayuda de Dios, nos esforzamos por hacer esto la norma. Para lograr esto, ustedes, adultos, necesitan trabajar por una vida pacífica, solo entonces la ayuda de Dios puede venir hacia ustedes. ¡Les instamos a enterrar el hacha de guerra y dirigir todos sus esfuerzos hacia la creación de un futuro común junto con sus vecinos azerbaiyanos!

La audiencia se quedó paralizada y escuchó en silencio a Joseph.

- La vida no es solo un juego, la vida es un juego divino. Pero las reglas son las mismas. No puede ser jugado con un solo objetivo. Dios nos creó para que nunca pudiéramos vivir aislados. Y una de nuestras responsabilidades es aprender a vivir junto a otros pueblos en paz y armonía, aprendiendo a respetar las tradiciones de nuestros vecinos en términos mutuamente aceptables. ¡Dios quiere paz y respeto entre personas y naciones! ¡Dios quiere reconciliación...

Las repetidas visitas de Joseph a Karabaj, su actividad febril y su intención de establecerse aquí por un período indefinido, alarmaron a los comandantes militares de las tropas rusas estacionadas en Karabaj y Armenia. Naturalmente, no vieron el propósito de Dios ni la misión divina de Joseph detrás de todo esto, sino más bien la mano de Washington.

Uno de los rusos le dijo al presidente sin rodeos:

- Los estadounidenses son indiscriminados en sus métodos y están tratando, por todos los medios, de tomar todo el Cáucaso. ¡Esto no debe permitirse bajo ninguna circunstancia!

Como resultado, hubo una instrucción secreta desde arriba para neutralizar la amenaza emergente de los Estados Unidos.

En Karabaj, mientras tanto, los lemas pacifistas de paz y tranquilidad, de poder vivir y trabajar con los azerbaiyanos, como había sido recientemente, se escuchaban cada vez con más frecuencia. Por los niños, por el futuro. Y todo esto estaba sucediendo bajo los auspicios del Único Todopoderoso, el unificador de las naciones.

Joseph y Svetlana se hicieron muy buenos amigos. La hermosa e inteligente chica, curiosamente, estaba soltera. Por los estándares caucásicos, claramente estaba atrasada para tener una vida personal, porque ya tenía veintiséis años. Sus familiares y amigos se quejaban de que era muy selectiva y que no le gustaba nadie. Así que puedes quedarte solterona, murmuraban. Svetlana era una persona muy independiente. Siempre actuaba como consideraba apropiado y no seguía los consejos de sus padres y familiares, quienes de vez en cuando intentaban emparejarla con uno u otro caballero. Todos los candidatos a esposos le parecían poco interesantes y superficiales.

Cuando Svetlana vio por primera vez a Joseph en la casa de sus padres, se enamoró de él a primera vista, completamente e irrevocablemente, incluso antes de que pudiera decir una sola palabra. Por supuesto, no esperaba reciprocidad de un hombre tan famoso, pero no podía hacer nada con sus sentimientos. Por la noche lloraba en silencio, tratando de no despertar a nadie. Luego se fue a Ereván, donde vivía y trabajaba. Aquí Svetlana intentó olvidar a su amado, pero no tuvo éxito. Recopiló toda la literatura sobre él, colgó su retrato en su habitación y se convirtió en su seguidora ferviente.

Cuando ocurrió la desgracia del padre, la chica voló inmediatamente a Stepanakert, donde volvió a encontrarse con Joseph. Fue la providencia de Dios. Ya no podía ocultar sus sentimientos y le abrió su corazón.

Joseph estaba bastante avergonzado por una reacción tan inusual de la joven belleza. Sí, era joven, inteligente, atractiva y definitivamente le gustaba. Pero ahora, cuando le habían confiado una misión tan importante, no podía pensar en la felicidad personal. Las preocupaciones mentales podrían haber sido un obstáculo para el trabajo. Joseph estaba muy emocionado por la confesión de amor. Los sentimientos de Svetlana eran tan francos, puros e ingenuos que lo desarmaron.

Svetlana no tenía ninguna esperanza. Sabía que no estaban destinados a estar juntos y ni siquiera se atrevía a soñar con convertirse en la pareja de vida de Joseph. Por lo tanto, concentró todos sus pensamientos en ayudar a Joseph en su importante misión y dedicarse por completo a la misión de su elegido. Nunca sospechó que era capaz de un amor tan apasionado.

Por las noches, cuando Joseph estaba libre, Svetlana lo visitaba en su hotel y hablaban durante horas sobre Dios, la paz, la gente y todo. Se sentía como un pájaro que se eleva alto en el cielo, sin darse cuenta de nadie a su alrededor, y vivía solo por estos breves encuentros.

Stepanakert era una ciudad pequeña y los rumores de su relación se extendieron rápidamente por el vecindario. ¡La gente inventaba todo tipo de cosas! Acusaban a Svetlana de deshonrar a la familia, de comportarse como una chica corrupta, y así sucesivamente. Su madre advirtió a la niña, la persuadió, le rogó, le ordenó que no fuera al hotel de Joseph y que se fuera a Yerevan de inmediato. Pero Svetlana, tan feliz, radiante, no escuchó ni vio nada, giró la cabeza y, abrazando a Vera con fuerza, dijo:

- No prestes atención a estos rumores.

Sin embargo, el chisme llegó incluso al hospital donde estaba Rubén. Y cuando Svetlana vino a visitar a su padre, él preguntó:

- Hija, ¿de qué están hablando estas personas de ti?

- Papá, conoces muy bien a la gente de aquí. No les cuesta nada inventar cosas y difamar a alguien.

- Por supuesto, hija, no creo nada de esa porquería sucia. Probablemente quieran mancharme y deshonrarme de esta manera. Pero dime francamente, ¿te has enamorado de Joseph? Tu madre me lo dijo.

Svetlana, ruborizándose espesamente, bajó los ojos:

- ¿Y qué importa?

- Esto no es Yerevan y deberías comportarte adecuadamente y no deshonrar a tu familia.

- ¡Y tú también! ¡Papá, eres un hombre educado y moderno! ¿Qué hay de malo en que una chica se comunique con un joven soltero? Especialmente un hombre como Joseph. Es un santo, papá, escucha, ¡un santo! Él ha comunicado con los profetas mismos. Él...

- Sveta, mi querida hija, escúchame, tu padre... ¡no es apto para ti! ¡Nunca se casará contigo! Simplemente no le importas.

Svetlana salió corriendo de la habitación llorando.

En ese momento, Joseph, junto con los amigos de Rubén, estaba viajando por todo Karabaj, de pueblo en pueblo, y hablando con la gente. La naturaleza local lo impresionó con su esplendor. Solo el Todopoderoso podría haber creado estos fabulosos paisajes de montañas.

Al final del día, el grupo llegó a la frontera de Nagorno-Karabaj y las Llanuras, donde se encontraba un puesto militar. Sin una orden especial de las autoridades, la entrada estaba prohibida. El guardia de fronteras explicó que se necesitaba un pase especial. Básicamente, no se necesitaba más explicación: se podía ver todo con los propios ojos. Un terrible panorama se abrió ante Joseph, como si fuera un participante en una historia de fantasía. Hasta donde el ojo humano podía ver, los pueblos abandonados desaparecían en el horizonte. La desolación y el abandono reinaban por todas partes. Realmente era una zona muerta, como en "Stalker" de Tarkovsky. Tales paisajes se presentaron ante Joseph y sus compañeros ahora.

Y sin embargo, relativamente recientemente, la vida estaba en pleno apogeo aquí. La gente no podía imaginar que tendrían que huir de estos lugares, dejando sus hogares.

La "zona muerta" era una sección de tierra segura entre Nagorno-Karabaj y la línea del frente actual. Recapturada por Armenia de Azerbaiyán, comprendía el quince por ciento de su territorio, con una población de un millón de personas expulsadas en 1993.

La triste imagen hizo sentir mal a los visitantes.

- Sí, no es una vista bonita... Pero, ¿qué podían hacer? Era necesario proteger Nagorno-Karabaj de la artillería azerbaiyana, dijo el amigo de Rubén, Sergey.

- La naturaleza es tan hermosa aquí -dijo Joseph en voz baja-. Solo tenemos que crear condiciones en las que la gente pueda trabajar en paz y pasar del Medioevo al siglo XXI. ¡Se lo merecen!

En poco tiempo, Joseph se había encariñado tanto con Svetlana que ya no podía imaginar ni un solo día sin ella. El amor apasionado y sincero de la chica lo conmovió profundamente. Y Joseph, antes tan indiferente a las mujeres, tembló ante esta energía desconocida.

Creía que el amor era un regalo divino y no se avergonzaba de sus sentimientos recíprocos.

Lo único que le desgarraba el alma era darse cuenta de que no podría formar una familia, tener esposa e hijos, porque debía entregarse por completo a una misión superior. Los días que pasó con Svetlana fueron de los más felices de la vida de Joseph. En ella encontró una interlocutora inteligente y reflexiva que entendía todo al instante.

Joseph estaba pensando en todo esto de nuevo mientras estaba acostado en su cama tarde por la noche. No podía conciliar el sueño durante mucho tiempo, y solo por la mañana logró olvidarlo en un sueño reparador. Soñó con sus padres pidiéndole que regresara a casa. Pero él les negó con la cabeza en silencio. Luego aparecieron ante él sus amigos muertos. Se abrazaron, rieron y lo llamaron hacia ellos. Joseph, sonriendo, fue hacia ellos y abrió los brazos para abrazarlos...

Se despertó con dolor de cabeza. Lo despertó el ruido de algún camión que intentaba en vano arrancar justo debajo de las ventanas. Durante un tiempo, Joseph no pudo entender dónde estaba. De repente, su memoria pasó por su mente y se agarró la cabeza en desesperación al recordar los eventos de la noche anterior.

...Alrededor de las diez en punto, empezó, como de costumbre, a despedirse de Svetlana. Por lo general, el asistente de Joseph la llevaba a casa. Sin embargo, ayer la chica se comportó de manera extraña. Durante la despedida, se acercó tanto a Joseph que sintió su aliento caliente. Ella lo miró directamente a los ojos y Joseph apretó su mano.

Svetlana acercó lentamente su rostro al de él y cerró los ojos al mismo tiempo. Joseph tocó sus labios y ella lo abrazó apasionadamente y lo besó de vuelta. Joseph abrazó a Svetlana y sintió que sus piernas de repente se debilitaban y se volvían de algodón. No había experimentado ese placer en el abrazo de una joven desde hacía mucho tiempo. Joseph se dio cuenta de que estaba perdiendo el control de sí mismo y trató de detenerse, pero Svetlana solo se presionó más fuerte contra él.

Involuntariamente dieron unos pasos y se derrumbaron en la cama.

...Fue la primera vez para Svetlana. Pero fue estupenda. Joseph estaba en la luna. Había olvidado la última vez que había estado con una mujer. Era como si hubiera sucedido en una vida pasada. Se entregó al impulso del amor con una pasión que nunca había esperado de sí mismo.

Un poco más tarde, mientras estaban acurrucados juntos, Svetlana de repente lloró. Joseph estaba confundido, sin saber qué hacer, pero la chica, al ver su rostro avergonzado, sonrió a través de sus lágrimas. Lloraba de alegría. Con calma, Joseph la miró con cariño y le limpió la humedad de las mejillas.

- Joseph, ¡te quiero tanto que no sé cómo puedo seguir viviendo! ¡No puedo vivir sin ti!

- Mi amor, yo también te quiero. ¡Te quiero tanto!

Svetlana cerró los ojos y Joseph comenzó a acariciar su hermoso cabello.

- Imagina por un momento que el mundo en el que vivimos es una unión de personas que creen en un Dios Creador Único, sin importar la afiliación religiosa, a pesar de las diferencias de lenguaje, culturales y tradicionales. Solo UNIDAD. Debemos llenarnos de la idea de UNIDAD. DIOS es UNIDAD y PAZ.

Silenciosamente, Svetlana se acurrucó en los brazos de su amado y escuchó su voz. Simplemente se derretía de felicidad.

Cerca de las doce de la noche sonó el teléfono. Era la madre de Svetlana. Solo entonces los amantes finalmente despertaron y regresaron al mundo real. La chica se vistió rápidamente, se limpió y el asistente de Joseph la llevó a casa.

Esto es lo que sucedió anoche. Joseph se sentía muy incómodo. Se preguntaba cómo podría mirar a los padres de la chica a los ojos, ya que conocía las costumbres caucásicas que había roto tan imprudentemente.

Todos los días, Joseph viajaba a varios centros de distrito y hablaba con la gente. Sus interlocutores estaban principalmente interesados en el bienestar material, la eliminación de numerosos problemas de la vida y la economía, la disponibilidad de trabajos, salarios, etc. Y estaban dispuestos a convivir con los azerbaiyanos solo con la condición de un acuerdo de paz.

Joseph vio cuánto más fácil era para él negociar con ciudadanos comunes que con políticos y militares. Vio por sí mismo lo cansadas que estaban las personas de estar en el limbo, ni guerra ni paz, y querían certeza, anhelaban vivir sin un ejército que guardara su seguridad contra posibles ataques de Azerbaiyán.

Hoy era el último día libre de Joseph. Se había planeado una gran manifestación para mañana en la Plaza Stepanakert. Todos aquellos que habían acordado con el proyecto de Joseph se reunirían allí para apoyarlo, mostrando a las autoridades el verdadero deseo del pueblo de resolver el conflicto a través de medios económicos. La gente común quería pagar sus agravios en nombre de los niños y su futuro pacífico. Estaban dispuestos a trabajar con las mangas remangadas por la prosperidad de sus familias y de la nación. La prosperidad y el tiempo curarán las heridas y nos ayudarán a olvidar lo malo... Debemos mirar hacia adelante, dejar de mirar atrás...

Después del discurso planeado, Joseph iba a regresar a los Estados Unidos para continuar con conversaciones de alto nivel. Luego, tendría lugar otro viaje a Azerbaiyán.

Joseph decidió pasar hoy con su amada. Svetlana se entregó completamente y con todo su corazón, y Joseph se culpaba a sí mismo por no haber controlado sus sentimientos, y le rogó a Dios que perdonara sus sentimientos por la chica que había convertido en mujer.

Por la tarde, recogió a Svetlana, pidiéndole a sus asistentes que se quedaran en el hotel.

El clima estaba espléndido en mayo, el aire primaveral aturdía su cabeza, la exuberante y brillante vegetación verde florecía por todas partes y los pájaros cantaban sin descanso.

Condujeron por un hermoso camino sin pavimentar fuera de la ciudad para dar un paseo por el bosque, tener un poco de privacidad y disfrutar de los suaves rayos del sol.

Una vez allí, la pareja cayó impacientemente sobre la hierba esmeralda y se abrazó suavemente. El embriagador aroma de la vegetación funcionaba como un divino vino. Los dos cuerpos se fusionaron en uno y se congelaron en un largo beso.

Luego, recostándose, estiraron sus brazos y piernas, completamente relajados, y cerraron los ojos.

- ¿Qué impide que las personas se entiendan entre sí? ¿Fue solo la falta de límites de intereses conflictivos? El conflicto de ideas y opiniones a menudo causa envidia, venganza, ira y odio. Esto es inherente a todos los seres humanos. Lo mismo ocurre en las relaciones entre las personas. Los mismos vicios... - razonó Svetlana.

Joseph abrió los ojos y se volvió hacia ella:

- La base del mal en la Tierra es el orgullo. Es el peor pecado, la apoteosis de la limitación, el aislamiento en uno mismo. Afortunadamente, todos estamos infectados con esto en diferentes grados. Esta es la base del mal en la Tierra. Y el peor tipo de orgullo es el orgullo del intelecto.

- ¿Qué puede superarlo en un ser humano? ¿Existe tal poder? ¿La fe en Dios? - preguntó Svetlana.

- El ser interno de una persona no depende de las circunstancias, sino de si hay un origen divino superior en él. Para los creyentes, el mayor misterio del universo es la presencia del alma en los seres humanos. Si buscas conocerte a ti mismo, a través de esto te acercarás a Dios. Así es como se produce la liberación del orgullo. Aunque vivamos en un mundo corrupto, podemos superar los sentimientos que nos dividen. El Espíritu de Dios nos da fuerza, porque todos somos hijos de Dios. Solo necesitamos vivir con la conciencia de Dios, y entonces nos llegará la iluminación.

- Las personas están atrapadas en circunstancias crueles, abrumadas por problemas diarios que las obligan a doblegarse. La enfermedad y el sufrimiento destruyen sus cuerpos minuto a minuto. Los guías encuentran hábilmente a los culpables de los problemas internos de una nación entre sus vecinos, enfrentándolos entre sí en sus propios intereses. ¿De dónde vendrá la fuerza para luchar contra todo esto?

- El poder de la fe en el Único Todopoderoso a través de la comprensión del Espíritu de Dios en ti te permitirá superar estas cargas de la vida terrenal. La principal arma contra el odio es el estado de felicidad de comprender el origen espiritual divino. A pesar de todo. Este estado es el poder que te impulsa a cumplir los mandamientos de Dios. Cuando estás infeliz, no tienes ningún deseo de hacer el bien a ti mismo o a los demás. ¿Conoces las circunstancias bajo las cuales los judíos recibieron la Torá?

- Solo sé lo que está escrito en el Antiguo Testamento, respondió Svetlana.

- Entonces te lo contaré. Los judíos fueron la última nación a la que Dios ofreció aceptar y seguir las leyes de la Torá. Y respondieron: "Naase venishma", que significa "creer y hacer, y luego analizar y entender". Esta afirmación debería ser el principio de vida de cada persona. El Señor dijo: "Y que estas palabras que te mando hoy estén en tu corazón". Fíjate, no "en tu corazón", sino "en tu corazón". Esto significa que incluso si tu corazón aún no está lo suficientemente abierto como para aceptar los mandamientos, puedes estudiarlos por ahora y dejar que estén en tu corazón. Un día, cuando estés listo, las enseñanzas te penetrarán y estas ideas vivirán en tu corazón.

Joseph se quedó en silencio. Y Svetlana estaba fascinada por la melodía del discurso y la profundidad del pensamiento de su amado.

Los rayos del sol acariciaban suavemente sus rostros, penetrando a través de la densa fronda de los árboles perennes. Joseph abrió los ojos y, levantándose en sus codos, acarició suavemente el cabello rizado castaño claro de Svetlana, brillando a la luz.

- Svetlana, quiero decirte...

Hizo una pausa por un momento, pero luego continuó:

- Lo siento por ayer... No debería haber hecho eso.

- ¿De qué estás hablando, Joseph? ¡No puedes ni imaginar lo feliz que estoy!

Se levantó después de él y le tocó suavemente los labios en la frente.

- Sveta, ¿entiendes... La vida, nuestra realidad y nuestro amor, todo es tan complicado...

- Sí, entiendo perfectamente. Tú, como hombre, buscas claridad, certeza y estabilidad. Y nosotras, las mujeres, a menudo nos dejamos llevar por nuestros sentimientos y emociones. Eso es verdad. ¡No necesito nada más! Ya soy feliz porque amo y soy amada. No tienes que preocuparte por nada. ¡No pienses en mí! Tú tienes asuntos de gran importancia, y yo estoy feliz de haber tocado aunque sea de alguna manera este plan agradable a Dios y haberme convertido en tu mujer. Yo te pertenezco - eso es lo principal para mí. No importa cómo sea mi vida. Aunque, por supuesto, estar contigo es el pináculo de mis sueños.

Joseph sonrió.

- Oh, mi chica... - La atrajo hacia él y la abrazó fuertemente.

En ese momento una extraña sombra cubrió sus rostros. Alguien se paró sobre sus cabezas.

Había tres hombres enormes frente a ellos, todos vestidos con uniformes de camuflaje y medias negras sobre sus cabezas. Los extraños tenían hachas en sus manos. Era evidente que estas personas no eran locales y probablemente eran militares rusos.

Sin dar un momento de vacilación a los amantes, los dos hombres arrastraron a la chica a un lado y comenzaron a arrancarle la ropa. Svetlana gritó de rabia, resistiéndose desesperadamente. El tercero se erguía como una montaña sobre Joseph y sonreía malvadamente.

- ¿Qué estás haciendo? ¡Recapacita! - Saltó hacia su amada, pero fue alcanzado instantáneamente por el gigante que estaba frente a él.

- Mira, muchacho, te aconsejo que no te metas con estos tipos. Se divertirán, harán lo suyo y se irán. Lárgate de aquí antes de enfurecerme.

- Escucha, ¿cuál es tu nombre?

- No importa.

- Soy un invitado en tu tierra, mi nombre es Joseph. Vengo aquí con Dios y paz. Esta chica está conmigo. Por favor, por amor de Dios, déjala en paz y haz lo que quieras conmigo.

- ¿Estás loco? Estos tipos son heterosexuales, no estarán interesados en ti.

En ese momento, Svetlana fue arrojada al suelo. Uno la sostuvo por los brazos, mientras que el otro, en un ataque de rabia, continuó exponiendo su cuerpo, susurrando:

- Tranquila, belleza, tranquila... Te sentirás bien ahora... ¿Por qué tiemblas como un pollo antes de la ejecución?

Y la pobre chica seguía llorando desesperadamente pidiendo ayuda, retorciéndose en las manos de sus violadores.

Joseph una vez más se apresuró a rescatarla, pero fue derribado al suelo de nuevo, y luego recibió un fuerte golpe en la cara. Superando el intenso dolor y limpiándose los ojos, apenas logró levantarse. La sangre cubría sus ojos y estaba inestable.

Esta vez se lanzó directamente hacia el gigante. El hombre fuerte arrojó su hacha al suelo y envolvió sus brazos alrededor del cuello de Joseph. Luego, después de ahogarlo un poco, lo golpeó en la cabeza con todas sus fuerzas. Joseph cayó al suelo y perdió el conocimiento.

Y en un instante hubo silencio. Svetlana dejó de gritar. Uno de los violadores la había poseído. Yacía sin sentido en el suelo, ya no resistiendo. El otro se acercó al hombre fuerte y dijo:

- Es hora, acábalo.

Levantó su hacha del suelo y golpeó la cabeza de Joseph con un golpe completo. La sangre salpicó sus pantalones.

El otro murmuró:

- ¿No pudiste ser más cuidadoso? Vamos, salgamos de aquí.

Y desaparecieron tranquilamente, igual que como habían aparecido, hacia el bosque...

Capítulo 25

Dos teléfonos sonaban simultáneamente en la habitación donde Joseph dormía.

Finalmente, sus párpados, pesados por un sueño largo y profundo, se abrieron lentamente y el hombre abrió los ojos. Moviendo lentamente los ojos de un lado a otro, se aseguró de que estaba acostado en su habitación, en un apartamento en Manhattan.

Joseph se llevó la mano a la cabeza y la tocó. No estaba herido, pero le dolía terriblemente. Se levantó de la cama, se miró en el espejo y vio su rostro pálido cubierto de una semana de barba.

- "¡Así que fue solo un sueño!" - Joseph adivinó, dándose cuenta de que había sido una fantasía lo que había sucedido. ¿Podría la última oportunidad de la humanidad para sobrevivir ser nada más que el sueño de un hombre enfermo?

Los teléfonos no paraban de sonar...

www.ingramcontent.com/pod-product-compliance
Lightning Source LLC
Chambersburg PA
CBHW050847150626
46549CB00012B/372